山东省社会科学规划研究外国语言文学研究专项《ESP 视域下的电子竞技英语微课设计与应用研究》(编号：20CWZJ43)。

高校英语的信息化教学研究

田　珂／著

吉林出版集团股份有限公司
全国百佳图书出版单位

图书在版编目（CIP）数据

高校英语的信息化教学研究 / 田珂著. -- 长春：吉林出版集团股份有限公司, 2022.9
ISBN 978-7-5731-2188-2

Ⅰ.①高… Ⅱ.①田… Ⅲ.①英语-教学研究-高等学校 Ⅳ.①H319.3

中国版本图书馆CIP数据核字（2022）第168322号

GAOXIAO YINGYU DE XINXIHUA JIAOXUE YANJIU

高校英语的信息化教学研究

著　　者	田　珂
责任编辑	杨　爽
装帧设计	马静静

出　　版	吉林出版集团股份有限公司
发　　行	吉林出版集团社科图书有限公司
地　　址	吉林省长春市南关区福祉大路5788号　邮编：130118
印　　刷	北京亚吉飞数码科技有限公司
电　　话	0431-81629711（总编办）
抖 音 号	吉林出版集团社科图书有限公司　37009026326

开　　本	710 mm×1000 mm　1/16
印　　张	11.25
字　　数	189千
版　　次	2023年4月第1版
印　　次	2023年4月第1次印刷

书　　号	ISBN 978-7-5731-2188-2
定　　价	86.00元

如有印装质量问题，请与市场营销中心联系调换。0431-81629729

前　言

　　20世纪末以来,全球化浪潮席卷全球,全世界各个地方都在积极应对全球化的机遇和挑战。一方面,世界各国在政治、经济、科技等领域展开了相互交流与合作,国家之间的联系日益紧密。各个国家、各个行业之间既存在着合作的关系,也存在着竞争与冲突。在这样的交互融合下,语言教育需要为国家的政治、经济、社会服务。另一方面,随着信息技术的进步与发展,终身学习的理念也在不断发展。基于这样的背景,外语教育政策也需要发生改变,即需要将信息技术的发展视作促进外语教育系统改革、提升外语教育质量的重要途径。

　　在我国,信息化教学已经有三十多年的历史了,其为高校英语教学提供了一种新的上课模式,也为我国的英语教育事业做出了巨大贡献。在高速发展的信息化教学背景下,高校英语教学面临着新的发展趋势。高校英语课程如何面对这一形势,充分利用这一契机大力发展高校英语信息化教学,取得更好的英语教学成果以及高校英语教学如何抓住机遇,避开劣势,在信息化教学快速发展的时期里取得更大进步,是新时代的重要课题。已有研究表明,信息化时代背景下的新型教学模式能够有效提升学生的英语学习兴趣,有助于培养学生的英语学习能力,但是在实践中由于模式应用不成熟,还存在一些问题。基于此,笔者撰写了《高校英语的信息化教学研究》一书。

　　本书共包含八章。第一章开篇点题,论述了教育信息化与高等教育的发展情况。第二章为过渡章,分析了信息化对高校英语教学的影响以及高校英语信息化教学的意义、目标、优势与挑战。前面两章与文章主题呼应,为后面章节内容的展开做铺垫。第三章至第七章为本书的重

点,分别探讨了高校英语信息化教学模式构建、教学方法应用、教学评价多元化、教师专业化发展和教学资源优化。最后一章为创新章节,从ESP 理论和生态理论融入高校英语信息化教学展开探讨。

  本书细致全面地论述了高校英语信息化教学的方方面面,呈现出以下几个特点:首先,本书立足于高等教育教学研究,将信息技术与高校英语教学结合起来,不仅观点新颖,而且指明了当前高校英语教学的发展趋势。其次,本书先分析了高校英语信息化教学的相关理论知识,并在此基础上重点探讨了高校英语信息化教学中各个要素的建构,不仅结构严谨、逻辑清晰,而且理论与实践相结合,符合读者的认知规律。最后,本书将 ESP 理论和生态理论融入高校英语信息化教学之中,促进了高校英语教学的创新发展。整体来说,本书内容丰富翔实,语言通俗易懂,实用性强。无论对于教师、学生还是专门致力于高校英语教学研究的专业人士而言,本书都有着一定的借鉴价值。

  本书在撰写过程中,参阅了大量相关的资料与文献,不可避免地引用了诸多专家或学者的观点,在此表示真诚的感谢。所引用的参考文献已在书后列出,如有遗漏,还望谅解。因笔者水平有限,本书难免存在疏漏之处,恳请读者批评指正。

作　者

2022 年 5 月

目 录

第一章　教育信息化与信息化教学 ·································· 1
 第一节　教育信息化的技术支撑 ·································· 1
 第二节　教育信息化的表现——信息化教育 ························ 4
 第三节　教育信息化与高等教育的发展 ···························· 6

第二章　信息化与高校英语教学的结合 ································ 9
 第一节　信息技术对高校英语教学的深刻影响 ······················ 9
 第二节　高校英语信息化教学的意义与目标 ······················· 11
 第三节　高校英语信息化教学的优势与挑战 ······················· 16

第三章　高校英语信息化教学模式构建 ······························· 19
 第一节　高校英语慕课教学 ····································· 19
 第二节　高校英语微课教学 ····································· 24
 第三节　高校英语翻转课堂教学 ································· 29
 第四节　高校英语混合式教学 ··································· 33
 第五节　高校英语多模态教学 ··································· 36

第四章　高校英语信息化教学方法应用 ······························· 39
 第一节　信息化教学在词汇与语法课堂中的应用 ··················· 39
 第二节　信息化教学在听力、口语课堂中的应用 ··················· 62
 第三节　信息化教学在阅读、写作、翻译课堂中的应用 ············· 70

第五章　高校英语信息化教学评价多元化……………………88
第一节　高校英语教学评价的内容………………………88
第二节　高校英语信息化教学评价的原则………………95
第三节　高校英语信息化教学评价的创新方法…………101
第四节　高校英语信息化教学中构建动态评价体系……106

第六章　高校英语信息化教学中教师的专业化发展………109
第一节　高校英语教师的角色……………………………109
第二节　高校英语教师的信息素质………………………112
第三节　高校英语信息化教学中促进教师的专业化发展……115

第七章　高校英语信息化教学资源的优化…………………132
第一节　教学资源与高校英语信息化教学资源…………132
第二节　高校英语信息化教学中教学资源优化的策略…137
第三节　高校英语信息化教学中构建数字教学资源库…144

第八章　高校英语信息化教学的其他理论创新……………149
第一节　ESP 理论融入高校英语信息化教学……………149
第二节　生态理论融入高校英语信息化教学……………158

参考文献……………………………………………………163

第一章
教育信息化与信息化教学

进入 21 世纪,信息技术迅猛发展,这为高等教育提供了机会和挑战,也预示着教育的理念、内容、目的等也会发生变革。教育信息化指的是计算机技术、网络技术等在教育领域的应用,以便构建一个基于信息技术的新型教育体系。在这一教育环境中,相关人员构筑一个开放、自由的平台,在这个平台上有充分的教育资源,并且也会诞生一些新的教学模式。就本质而言,教育信息化是教育领域运用信息技术来促进教育改革的过程。当然,高校教育也必须适应社会的发展趋势,通过信息技术来改进教育质量和效果,这样才能构建真正的信息化教学。基于此,本章就对教育信息化与信息化教学展开探讨。

第一节　教育信息化的技术支撑

一、信息技术

就信息技术的概念而言,目前人们多从广义和狭义两个方面来理解和解释。从广义上说,信息技术指的是对信息加以处理与管理的各种技术的综合,其包含通信技术、感测技术、控制技术、计算机技术、智能技术等。从狭义上说,信息技术指的是能够展现信息特点的一些技术,具体来说,主要可以从如下四个层面理解。第一,信息技术可以被定义为信息与通信技术,其主要是运用计算机对信息系统与应用软件进行开发与设计,包含计算机技术、传感技术等。第二,信息技术可以被定义为3C技术,即计算机技术(Computer Technology)、控制技术(Control Technology)、通信技术(Communication Technology)三者的集合。第三,信息技术又可以称为C&C(Command & Control Server)技术,指的是运用计算机技术获取、传递、分配、处理信息的技术。第四,信息技术指的是应用管理技术,并在科学、技术等层面对信息加以控制与处理,实现人机互动。

通过上述分析不难发现,信息技术的核心在于计算机技术,并且在其他技术的共同作用之下,实现信息的获取与传递、转换与交流、检索与存储等。

二、网络多媒体技术

随着信息技术的发展,网络多媒体技术应运而生,其为知识经济的发展奠定了基础,也为教育的发展提供了更广阔的空间。受网络多媒体技术的影响,教育从形式、内容、方法等层面都发生了根本性改变。那么,什么是网络多媒体技术?对于其界定有很多,有广义的定义,也有狭义的定义。例如:

(1)网络多媒体技术是运用通信系统、计算机技术等处理、获取、传播信息的技术。

(2)网络多媒体技术是计算机技术、网络技术、通信技术、控制技术等的集合。

(3)网络多媒体技术是指计算机软件、硬件、数据、声音、网络、多媒体技术、其他通信技术等,这些技术主要是用于对信息进行输入、存储以及传输等。

以上定义是从狭义层面界定的。从广义上说,网络多媒体技术可以被认为是对信息进行获取、传送、加工、再生、使用和交换等的技术。但是从本质上来说,其主要是为人类服务的,因此可以被定义为服务于人类信息器官功能的一类技术,其主要是用于加强或者延长人的某些器官功能,对人类获取信息起着重要的辅助作用。尤其是网络多媒体技术中的感测技术、通信技术、计算机技术、智能技术、控制技术等对人类信息器官具有延长的功能,从而保证人类能够与网络多媒体技术融为一体,极大地开拓人类的认知空间。

三、移动互联网时代的到来

移动互联网(Mobile Internet)的定义有很多,通常是指将移动通信和互联网二者结合起来,融为一体。如果从用户角度出发,移动互联网则可以描绘为"移动的用户从自身需求出发,能够通过以手机、移动互联设备为主的无线终端随时随地接入互联网来消费内容和使用应用"。

移动互联网不仅仅是在手机上使用互联网,也不仅仅是简单的桌面互联网的移动化。一些在桌面互联网上热门的、赚钱的业务,在移动端都很难平移过去,门户、搜索都是其中典型的业务。移动互联网时代,屏幕大小的变化、用户使用习惯的变化、注意力的变化,包括社交在内的行为变化都和桌面互联网有着很大的不同。移动互联网把手机独有、随身携带、实时移动等功能和互联网这一新技术有机结合起来,创造出很多新应用、新模式。移动互联网具有六大特点:

(一)移动性

从 2G、3G、4G 到 5G,移动通信技术的发展使手机、平板电脑等智能终端随时随地接入互联网,互联网逐步移动起来。特别是因为 4G 的高速传递信息解决了传输瓶颈的问题,真正实现了"移动宽带",让长久以来被网线所束缚的互联网获得自由。

(二)便携性

移动互联网的根本是智能终端,智能终端属于个人随身携带物品。而智能眼镜、手表、手环等穿戴设备的兴起,使智能终端逐渐成为人类身体器官的延伸。

(三)即时性

由移动性和便携性引发而来的是用户可以随时随地使用互联网。另外,对互联网反馈速度的需求也进一步提高。

(四)私密性

有报告显示,92.8%的安卓手机用户在手机中存放隐私,智能手机已经成为隐私最多的设备。隐私通常包括两个部分:一个是保存的私人信息,一个是生活习惯的隐私。

(五)个性化

移动互联网的每一次使用都精确地指向一个明确的个体。再加上大数据技术的应用,使移动互联网能够为每一个个体提供更为精准的个性化服务。

(六)智能化

电视、汽车等传统设备的智能化,衍生出新形态。同时,人机交互更加智能,而重力感应、磁场感应,甚至人体心电感应、血压感应、脉搏感应等传感器,使通信从人与人通信,向更智能的人与物以及物与物演进。

第二节 教育信息化的表现——信息化教育

信息化给教育带来的影响可以说是革命性的。一个国家教育现代化发展水平是由教育信息化水平所衡量的。教育信息化的重要性已经得到了全世界的认可和关注,教育现代化发展离不开教育信息化的推动,教育信息化的革命是全球性的,这场革命在世界各国被点燃,如火如荼,声势浩大。教育信息化对教育的影响遍及学校、家庭、社会等各个教育领域,对高等教育的影响尤为明显。因此,对教育信息化进行研究具有重要意义。

也就是说,无论是教学还是教育都离不开信息技术。随着科技的进步与发展,现在信息技术对人们的工作、学习等产生了深远影响,尤其是计算机技术的进步,为信息技术应用于教学提供了便利。最初,计算机在教学中的应用主要是开发辅助教学软件,这些软件大都是基于行为主义学习理论的,主要供学生操作和练习。

20世纪70年代,计算机在教学中的运用更为广泛,一些大学和公司相继开发了各课程的比较成熟的辅助教学软件。

到了20世纪80年代后期,随着微型计算机和多媒体技术的发展,信息技术在教育中的应用越来越广泛,利用计算机开发的教学软件的呈现方式也不再仅仅局限于文本,而是图、文、声、像并茂。此时认知理论已经成为指导计算机辅助教学发展的重要理论基础,这一时期开发了一些高质量的教学软件。与此同时,世界上许多国家从20世纪80年代初把"计算机教育"引入中小学教育中。

20世纪90年代以来,国外的中小学普遍加强信息技术教育,发达国家尤其注重这一点。而且它们的教育管理者已经意识到以计算机、多媒体和网络为核心的信息技术将是今后人们获取知识、从事工作、了解世界和与人交往的重要途径。为此,发达国家加大了对信息技术教育的投入,用于购置计算机设备和进行信息技术教育方面的师资培训。

在中小学开设信息技术教育课程的目标是培养学生的信息能力,即学生获取、分析、加工和利用信息的能力,为实现这一目标,通常采取两种模式:一种是独立开设信息技术课;另一种是将信息技术内容整合到中小学各学科的课程中去,使信息技术知识和能力的培养与各学科的教学过程紧密结合起来。20世纪90年代中期以前,世界各国基本上是采用第一种模式——单独开课;到20世纪90年代中期以后才有一些国家开始采用第二种模式——信息技术与课程整合。之前,教育者把注意力都放在了技术在教学中的单独呈现上,而忽视了技术与课程的整合。尽管第二种模式只是试验性探索,但是"整合模式"将会成为信息技术教育发展的必然趋势。

第三节 教育信息化与高等教育的发展

一、教育信息化背景下高等教育的成就

（一）信息技术教育与应用发展迅速

目前,我国很多高等院校建立了不同层次和规模的校园网,网络已连接到校内的主要办公楼、教学楼、实验楼、图书馆甚至师生宿舍。大部分学校建立了网络中心和多媒体教室,利用校园网开展了远程教学、数字图书馆服务、办公自动化系统、教学教务管理系统、后勤管理系统、网络课程服务和教学资源开发系统等应用项目,已经初步实现了高校信息化向更高层次迈进的第一步。

近年来,随着我国电信事业的飞速发展、社会企业对教育的支持,以及大量的教育资源的开发,教育信息化的步伐大大加快了。

（二）信息化人才培养的速度明显加快

在实现国民经济高速发展和社会信息化的过程中,教育承担着培养信息化创新人才和提高全民族素质的重要任务。20世纪末以来,作为信息化人才培养重要基地的高等学校,在各个方面都得到长足发展。

（三）教育资源建设取得很大进展

发展教育信息化,网络设施建设是基础,资源建设是核心,信息人才是关键。目前各级各类教育主管部门和学校都十分重视教育教学资源建设,根据学校的学科优势和教学特点,开发了一批基于网络的教育教学资源库、素材库、网络课程和教学课件,这为整合教育力量、推动资源共享、实现远程教学奠定了良好的基础。我国开设了信息技术相关专业和信息技术课程对计算机相关专业进行教学改革。

二、新时代背景下"互联网+教育"的产生

(一)"互联网+教育"的内涵

"互联网+"是现代的主流思想,其意义是把传统的生产、销售、运营乃至生活方式都以互联网的思维进行全新的诠释。"互联网+教育"也是最近的热门话题,那么"互联网+教育=?"答案是技术对教育的变革。

首先是对教学思维及模式的改变。传统的教学是以教师为主体。在互联网的思维模式下,教师与学生的地位完全被颠覆。所以,现在强调要提升学生在课堂上的主体地位,引发学生的学习积极性,增加课堂的互动性及灵活性。

其次是助学工具的改变。传统的助学工具就是试题,让学生来做题而已。但是,这些简单的助学工具已经无法满足时下教育的需求。所以,更多的教育商开始提供更多、更科学、更人性化的服务。比如,孩子们上下学时间是交通的高峰期,有很多一线城市堵车非常严重,动辄一个小时或者几个小时。那么,学生有一部分时间会浪费在上下学途中,缩短了学生的自主使用时间,无形中增加了学生的负担。而网上的教学系统则很好地解决了这个问题,学生只要在手机中下载软件,就可以离线学习,于是堵车的过程就变成了学习的过程。这样不但科学地整合了学生的零散时间,也及时地帮助学生在最短时间内完成课后的复习,巩固了知识点,相对减轻了学生的学习负担。

总体而言,"互联网+教育"就是在教育行业中引入互联网,实现一些基于互联网的教育应用,"互联网+教育"将会改变教育行业的很多行为方式。"互联网+教育"没有一个固定的形式与定义,"互联网+教育"等于变革——变革了传统的教育思维、教育方式及教育工具,而三者的变革又相辅相成,共同促进着变革的发展与深入。

(二)"互联网+教育"的机遇与挑战

1."互联网+教育"的机遇

互联网的技术进步和应用的普及,正惠及亿万师生,将会带来教育理念和模式的巨大变革,并在以下几个方面带来教育事业的重大发展机遇。

（1）促进教育公平。互联网突破了传统教育的时空限制，可以把最优质的教育资源、最先进的教育理念、最新颖的教学模式在更大范围内共享，包括偏远贫困地区，能在很大程度上改善国内教育资源分配不均的现状，为每个人提供更好的教育机会，促进教育公平发展。

（2）提高教育质量。利用网络技术，不仅能实现教学资源和智力资源的共享与传播，激发学生的学习兴趣和增强学习效果，还能推动优质教育资源共享、教育教研合作交流，推动课程改革，全方位提升教育教学的质量和效益。

（3）降低教育成本。互联网推动了教育资源配置的优化，使更多的人同时获得更高水平的教育，提高了教育资源的使用效率，降低了教育成本。另外，由互联网打造的没有围墙的学校，也为个性化学习、全民学习和终身学习提供了可能。

2."互联网+教育"的挑战

教育是关系到千家万户的系统工程，涉及教育主管机构、学校、教师、学生和家长等众多利益相关主体，因此，互联网推动下的教育变革将面临不小的挑战。首先是观念方面的问题。如今的学生已经是与网络共生的一代，他们可以熟练地借助网络生活，本能地通过屏幕学习。而"50后""60后"的习惯是借助书本学习。观念的差异很难在短时间内得到改变，由此对"互联网+教育"的影响不能小视。其次是互联网基础设施的问题。虽然近些年我国教育信息化取得了长足的发展，但仍有少数中小学没有接入互联网。部分地区的中小学生人机比配置还不理想，教育信息化基础设施建设的差异仍然较大。

另外，教育管理方式也存在问题。如果学生不能自由选择学习科目和讲课教师，如果学分不能互认，学位不能等价衔接，则"互联网+教育"就很难发挥其最大效益。我们仍要尽快研究制定教学资源的上网认证标准，要针对经过认证的教学类资源制定网上学习效果评价标准，要制定课程微证书发放办法等。

需要说明的是，"互联网+教育"与目前热闹的在线教育是有区别的。互联网与教育的融合是必然的，也将越来越密切，但是以资本与互联网商业模式驱动教育与互联网融合，是有致命缺陷的。

总之，我们要有新的观念、新的技术和新的管理模式，才能拥抱"互联网+教育"的新时代。

第二章
信息化与高校英语教学的结合

随着信息技术尤其是移动互联网技术的发展,人类社会开始由工业社会转向信息社会。在信息社会里,信息是主要的资源,开发和利用信息资源为目的的信息经济活动是国民经济活动的重要内容。显然,这是人类生产方式的又一次变革,生产方式的变革必然带来思维方式、生活方式、价值观念等一系列的改变。当然,信息技术正在给高校英语教育的教育理念、体制、模式、方法等带来巨大的冲击。面对这一情况,高校英语教学工作者需要发挥主观能动性,深刻把握这一历史性变革的特征,这样才能在信息化的浪潮中促进高校英语教学的创新变革。本章就对信息化与高校英语教学相结合进行探讨,以促进高校英语教学的进步和发展。

第一节 信息技术对高校英语教学的深刻影响

信息技术在高校英语教学中有着非常显著的影响,并且在高校英语教学中得到了广泛的应用。在高校英语教学中,有三个基本的要素,即教师、学生、教学设施。随着信息技术的融入,这三个要素都会相应地发生改变,它不仅改变了教师的教学作用,也改变了学生的学习能力,同

时还影响着教育设施的工作性能。

信息技术对高校英语教学的改变主要有如下几点表现：

一、教育思想和教育观念：凸显能力培养

传统的高校英语教学主要是强调知识的讲授，无论在课程设置，还是在教学内容组织、教学方法运用等层面，都是为传授知识服务的。在信息技术背景下，高校学生不仅要掌握基本的知识，还需要掌握获取知识的能力，因此需要对教育思想与观念加以变革，才能将高校英语教学从知识的传授层面转向对能力的培养层面。

二、教育目的：走向大众教育

信息技术的进步使得高校英语教学逐渐走向社会，并且趋向平等，其各个层面与人们的生活相融合。人们可以对学校、教师、课程等进行自由选择，将办学的开放性充分展现出来。随着信息技术的运用，高校英语教学的组织形式变得更为方便、灵活，教学计划也更有针对性与柔性。在当今信息社会背景下，知识更新速度加快，人与人之间的竞争更为明显，这就使得人们对学习更加重视，愿意接受高等教育，甚至终身教育，因此使英语学习更接近终身化。

三、教学内容与方式：走向前沿与互动

在教学内容层面，教师运用信息技术的网络搜索功能，对英语这门学科前沿的知识、最新的成果进行查询，从而将这些内容运用到高校英语教学中。在高校英语教学方法上，通过信息技术，对传统的高校英语教学方式加以改变，创设良好的教学情境，从而将教学内容更便捷地表达出来，凸显了互动性，也便于对学生综合能力的培养。

四、师生关系：转向主动合作

传统的高校英语教学模式主要是以教授为主，是一种单向的模式。

信息技术使得高校英语教师的作用发生改变，从知识的传递者转向学生学习的引导者、协调者，学生可以运用信息技术，对英语这门学科前沿的知识进行学习与接收，使自己从被动的学习者转向主动的学习者，即学习的主人。显然，师生角色在信息技术背景下都发生了改变，彼此成了合作者与交流者。

五、教育评价制度：变得更为透明开放

信息技术使得学校的办学行为更为开放、透明，社会机构也对学校更加关注，这都有助于信息技术教育的进步与发展。教育评价的内容也会发生改变，其中对于学生的评价从以往的对知识的过分重视转向对能力的要求，从过去的单纯考试转向考试与实践相结合的方式。这些变化都是因为信息技术教育的影响。

第二节　高校英语信息化教学的意义与目标

一、高校英语信息化教学的意义

（一）信息技术对英语教师的意义

应用信息技术进行高校英语教学与研究对于高校英语教师有着"近水楼台"的优势，因为教师完全没有语言障碍，随时可以掌握网上最新的动态与消息。我国著名应用语言学家桂诗春（1997）曾把信息技术对英语教师的好处归纳为以下五点：

（1）可以为自己建立一个最完善的"图书馆"，解决教学中的各种疑难问题。

（2）网上语言主要是英语，上网为教师提供了广泛接触英语的机会，对迅速更新知识、提高英语水平很有好处。

（3）英语教学中最缺乏的是教学资料，网络可以每日每时为我们提供大量的教学资料。

（4）可以参加与外语教学有关的新闻组和网络论坛的讨论组，交流信息和经验,开阔视野,提高科研水平。

（5）可以上网参加一些适合自身水平和兴趣的在线课程的学习,不断充实提高自己。

在这个迅速发展的信息社会,许多教师还存有疑问和恐惧,例如,计算机与网络的发展会不会取代教师的地位和职业？大家对这一点其实大可不必担心。计算机不能也不会取代教师的地位,这是因为机器不能代替人做许多有意义的工作。比如,备课和选取学习资料。但随着技术的不断更新和发展,只有不断迎接它,不断利用它,更新自己的知识结构,才能做一个受学生欢迎的教师。同时,在人机交互的学习环境下,传统的"学生在教师控制下被动接受知识"的局面将会改变。教师应放弃一些原有的课堂权威,把单纯知识传授者的角色转换为"启发学生如何运用计算机学会学习"的角色。学生在教师的引导下将会更加独立、自主、积极地学习。

（二）信息技术对英语学习环境的意义

对正在进行英语学习的学生而言,信息技术具有巨大的开放性,它为学生提供了更加广阔的学习和思维空间,激发了他们的兴趣,培养了他们自主学习的能力。同时,信息技术的介入还更加优化了英语学习的环境。

埃格伯特（Egbert）和杰赛普（Jessup）（1996）曾提出理想的语言学习环境的四个条件：

（1）学习者要有与真实语言交际对象进行交流和讨论的机会。

（2）学习者要参与有利于接触和产生各种创造性语言的真实训练活动。

（3）学习者有组织思想和有意识认知的机会。

（4）学习者在课堂里要有理想的压力和焦虑环境,这种焦虑是一种积极的焦虑,而不是退缩性的焦虑。

显然,信息技术的介入优化了这种学习环境,并赋予它全新的面貌,这主要体现在以下几方面：

1. 能够帮助教师实现个体化教学

英语教师在备课时常常因为学生对英语兴趣各异、水平不齐而感到苦恼。然而,通过网络自主学习,学生能够建立自己的学习目标,并独立自主地掌握学习进度。网络上有大量的语言学习信息,难度与种类也各不相同,学生在教师的统一指导下可以选择自己感兴趣和适合自己水平的内容学习;由于电子邮件可实现快速传递,学生在几分钟的时间内就可以与世界各地的人们交换信息,促使他们在短时间内进行网上写作,大大激发了他们运用语言的兴趣和创造性的潜能。

2. 使学生学习到并运用上真实的语言

外语学界普遍认为,学习真实的语言,也即现实中的人在真实的场景下有明确交流目的的语言,能够达到最佳的学习效果。在网络上不仅能够实现人机交流,而且能够及时实现人与人之间的交流。无论学生是在电子公告栏发布消息和观点、参加讨论组、加入英语聊天室,或是在网络上检索和阅读信息,他们都会发现自己置身真实的英语环境,学习任务本身也不再是枯燥无味的了。

3. 促进协作式学习

协作式学习意味着一组学生互相协作,为完成一项学习任务共同努力。这种协作式学习可以是本校学生之间的,也可以以国际交流的方式进行。教师设置教学任务,规定一个小项目,学生以小组的形式在规定时间内完成任务,最后进行评比。

二、高校英语信息化教学的目标

(一)改变传统观念

在信息技术环境下,高校英语教学应该改变传统的教学观念。我国传统的教学往往以教师为中心。在教学中,学生往往是被动地学习,教师对整个课堂教学进行控制。这种教学形式不能被完全否定,其也是存在可取之处的,如对知识系统的传授是较为完整的,但是其也不可否认有弊端,即忽视了学生的主体地位,忽视了学生内心的感受。因此,这种教学形式在培养学生独立性与创新性层面存在着明显的不足。

信息技术环境下的高校英语教学就是要将学生的主体性充分发挥出来,让他们敢于创造,让学生真正成为知识的主体与建构者,而不是被动的接受者。教师应该逐渐成为课堂的指导者与组织者,引导学生对意义加以建构,而不仅仅是主宰与灌输。因此,无论对于教师、学生还是管理人员,都应该改变传统的教与学的观念,从以教师为中心转向以学生为中心,从完全的课堂教学转向学生利用计算机自主学习。传统的计算机辅助教学仅仅改变了教学手段,因此这里的计算机仅仅是一种辅助工具,对教学内容、教学结构等未做改变。信息技术环境下的高校英语教学是运用网络创造理想化的学习方法与环境。为了适应这一手段,教师也应该改变传统观念,不能仅仅将信息技术视作辅助的工具,而应该强调将信息技术视作学生自主学习与情感激发的工具,将其看成课程的一部分。

(二)改进教与学的方法

在信息技术环境下,高校英语教学应该逐渐改变教与学的方法。也就是说,高校英语教师并不是知识传授的唯一渠道,教师应该引导学生突破课本的限制,运用信息技术进行自主探索、自主学习,实现资源的有效共享。教师应该将学生带入计算机构建的探索空间,使他们的知识获取渠道更为广阔。

这就要求教师的教做如下改变:

第一,在课堂教学层面,从原本的以课本为主导的教学转变成帮助学生探寻、收集学习资源的教学。

第二,在教学组织层面,从原本的以教师为中心转变成教师帮助学生展开深层次的思考,引导学生设计符合自己学习特点的任务。

第三,在教学设计上,从原本的对教学内容的注重转变成对教学过程、教学模式的注重,并深层次开发与利用教学资源。

第四,在教学模式上,从原本的以教师为中心的教授、模拟等步骤转向学生注重探索,或与教师或者其他学生进行合作学习。

第五,在教学评价上,从原本强调对学生学习结果的终结性评价转向对学习过程的形成性评价。

可见,在信息技术环境下,学生的学习并不能完全对教师与课本产生依赖,而是应该学会运用信息技术平台,使教师与学生之间进行互助式学习,并运用信息技术对信息加以收集与探究。因此,在信息技术环境下,学生需要掌握如下几点:

第一,学会运用信息技术资源展开自主学习。

第二,学会运用信息技术进行交流与协作。

第三,学会在数字化情境中展开自主学习。

第四,学会运用信息加工工具展开创新学习。

(三)提高教与学的效率

信息技术融入高校英语教学之后,教学效果会发生如下改变:

第一,通过信息技术资源的共享,可以提高教学效率。我们都知道,信息技术的内容非常广泛,信息更新也非常及时,运用信息技术展开教学,很多教学资源也都经过优化,能够让大家共享,这就使得原有的课程内容被无限放大,便于提升教与学的效率。另外,外语教学的很多场景都可以通过网络进行设计,这可以为学生提供语言学习的环境。显然,这些在传统的教学中是不存在的,传统的教学无法设计语言操练的场景,但是通过网络可以做到,学生可以随时运用丰富的网络教学资源来展开自主学习,这必然会提升教与学的效率。

第二,计算机超级强大的功能有助于提升教与学的效率。在信息技术环境下,计算机成为高校英语教学常规的手段与工具,并在每一位教师的每一堂课中渗透,逐渐成为一种常态化的手段。因此,计算机并不仅仅是一种辅助教授的工具,而是逐渐成为高校英语课堂教学的一部分。也就是说,计算机除了演示功能外,还可以发挥其他功能,如激励学生学习、促进师生之间交流、运用个别辅导软件进行辅导、运用数字测试系统进行测试等。这些都是计算机的超级强大的功能,在这些功能下,学生学习的积极性也会提升,运用计算机进行学习,当然可以改善之前"费时低效"的学习状态,促进教与学效率的提升。

(四)整合教学资源

在信息技术环境下,各种相关的资源被引入其中。对于高校英语教学而言,教学资源是什么呢?美国教育技术与传播协会(AECT)指出,教学资源即帮助人们展开操作、实现有效教学的所有东西。但是对于高校英语教学而言,教学资源涉及与教学相关的人力、物力等。一般来说,学习资源可分为如下几类:

第一,根据学习资源的来源,可以划分为设计资源与可利用资源。前者指的是从教学目的出发而准备的资源,如教材、教室等;后者指的是为教学服务的资源,如教学软件、百科全书、网络信息资源等。

第二,根据教学资源的表现形态,可以划分为硬件资源与软件资源。前者指的是在教学过程中需要的场所、设施等;后者指的是媒体化的学

习资料等。

第三，根据教学资源所涉及的人与物，可以将其划分为人力资源与非人力资源。前者指的是同学、教师、学习小组等，甚至是一些可以通过网络展开交流的人员；后者指的是教学信息、学习媒体等。

教学资源的多样性要求我们改变传统的教学方法，利用现代信息技术进行整合，以满足外语教学的要求。

第三节　高校英语信息化教学的优势与挑战

一、高校英语信息化教学的优势

（一）提升了学生的英语综合素质

计算机网络体现出交互性强的特点，这一特点有助于将学生学习的积极性调动起来，让学生有学习的欲望，愿意去学习，形成学习动机。在信息技术环境下，交互性就是学生在学习中，不是仅被动学习，而是参与到具体的学习过程中。传统的教学过程往往是教师占据主导地位，学生被动地接受学习，而信息技术环境下的交互学习改变了这一局面。

在信息技术环境下，计算机对学生提出的问题做出处理，可以对学生给出的答案进行逻辑分析，并能够将结果向学生反馈，这对于学生而言有助于锻炼他们的英语运用能力。在这一环境下，学生可以从自己的兴趣出发，对学习的内容进行选择。可见，这种模式为学生提供了理想环境，帮助学生从自己的知识基础与认知出发，展开学习，提升自身的知识水平和能力。

（二）丰富了高校英语课堂知识

课堂知识的容量大、延展性强，有利于丰富课堂知识内容和提高教学的效率和质量。在信息技术环境下的高校英语教学课堂上，教师可以利用现代信息技术把大量的教学内容融入课堂中，知识的展现不再是单纯的文字和图片，而是集文字、图片、声音、视频等多种媒体于一体的综合体,在课堂上学生可以通过不同媒体的展示获取新知识,而且在视觉和其他感官上都有新的认识,从而在有限的时间内,进行知识的有效学习。

(三)充分发挥教师主导与学生主体的作用

信息技术环境下的高校英语教学中,学生占据主体地位,教师发挥主导作用,这就营造了一个轻松、和谐、融洽的师生交互的环境。通过借助信息技术的优势,设计活动、组织教学,充分发挥教师的主导性,让学生在不同的活动中参与、体验、感悟、交流和成长。所设计的活动要既有自主学习,又有合作探究学习等,以培养学生的自主、自觉、合作学习能力,充分发挥学生在学习中的主体作用。而信息技术又为师生活动的互动营造一个宽松、和谐、融洽的环境,使得学生乐于参与、敢于谈论、积极思考,形成自己的新知识,提高自我思考和处理问题的能力。

二、高校英语信息化教学的挑战

(一)对教学方法与手段提出了挑战

传统的高校英语教学是从教材出发来一步步地传授知识的,教学主要是以教师为中心,采用"填鸭式"的教学模式。随着信息技术的引入,以及慕课教学、微课教学、翻转课堂教学等的实施,教学内容不断深化与多样化,学生可以运用信息技术在任何地方获取教学内容。

在传统的高校英语教学中,教师是教学的主导,学生被动接受知识,但是随着信息技术的引入,这种角色发生了改变,教师展开探究教学、项目教学等,实现教与学方式的改变,教师主要负责引导,学生主动进行学习。显然,传统的教学模式与当前的高校英语教学改革已不相符。当前的高校英语教学需要运用新的教学手段,提升教学水平和质量。

(二)对教师角色与技能提出了挑战

"教师教、学生学"这一模式就意味着教师是知识的传输者,学生只是知识的接受者。但是,随着信息技术的融入,一些新的教学模式兴起,教师的责任发生了转变——从灌输者转向引导者,学生从接受者转向主动学习者。虽然教师的主体地位被颠覆了,但是教师仍然是推动学生展开学习的动力,他们需要不断指导学生的学习,是学生学习的必要支持者。显然,教师成了学生获取资源的一种途径,当然教师在教学中不仅要为学生答疑解惑,还要不断提升自身的技术水平。

在传统的高校英语教学中,教师只需要具备专业素养就可以了,会用电脑执行一些基本的任务,就能够完成教学。但是,在当前信息化背景下,教师需要提升自身的技术能力,能够多样化地组织课堂教学。

信息技术为教师和学生提供了海量的资源,学生在面对如此多的资源的时候是很难做出选择的,这就需要教师的帮助,教师帮助学生对资源进行甄别,在课前将这些资源提供给学生,如微课视频、微课课件等。在课堂之上,教师努力激发学生学习的兴趣,熟练把握课堂活动,如进行合作学习等。同时,教师还需要掌握信息技术,能够运用该技术制作视频,对学习进行检测,实现与学生的互动。当然,教师还需要处理好传统手段与现代手段的关系,发挥好自身的情感与人格作用。

(三)对学习观念与方式提出了挑战

在信息技术环境下,自主学习、合作学习、体验式学习等是最为常见的方式。随着信息技术的不断引入,知识变得更为开放,学生要想获取知识,除了从课堂和教师那里获得,还可以通过网络获取。显然,信息技术融入高校英语教学使学生的学习路径更为拓宽,学生也获得了丰富的学习资源,这种方式让学生的学习变得更为主动。

在资源选择上,学生的自主性更为明显,他们可以选择本校教师的微课讲解,也可以选择其他学校教师的讲解。同时,学习的时间、地点也非常灵活,只要具备无线网络,学生就可以在任何时间、地点展开学习,这将传统课堂只能讲授一两遍的弊端予以消除。

信息技术融入高校英语教学,使学生的学习更加具有互动性,学生不仅可以和教师交互,还可以和计算机交互。学习平台可以监控学生的学习情况,教师也可以实时查看学生的学习情况,为学生提出一些意见和建议。师生之间、生生之间可以随时展开交流与合作,将英语学习的困难放在明面上解决。可见,自主性、随时性是信息化时代下高校英语学习方式的主要特征,颠覆了传统的"机械"和"被动"的学习方式。

第三章
高校英语信息化教学模式构建

在新形势下,高校英语教学需要适应社会发展的要求。信息技术的不断发展为高校英语教学工作提供了很多思路,要求高校英语教师具备扎实的信息化教学技术,并且能够和高校英语学科教学活动紧密结合,借助信息化的工作,调动学生的英语学习积极性和主动性,提升学生英语学习的效率,让信息化技术更好地为高校英语教学服务。本章就来探讨高校英语信息化教学的几大模式,涉及慕课教学、微课教学、翻转课堂教学、混合式教学、多模态教学。

第一节 高校英语慕课教学

一、慕课教学的内涵与分类

（一）慕课教学的内涵

所谓慕课,即"大规模在线开放课程",英文是 Massive Open Online Course,简写为 MOOCs。从维基百科中我们可以查询到,慕课指的是由参与者进行发布的课程,并且材料也可以在网络上查询到。也就是说,慕课的课程是开放的课程,当然慕课的课程非常宏大。简单来说,慕课的课程具有分享性,无论处于世界哪一个角落,都可以进行学习与下载。与传统课程相比,慕课课程有图 3-1 所示的优势。

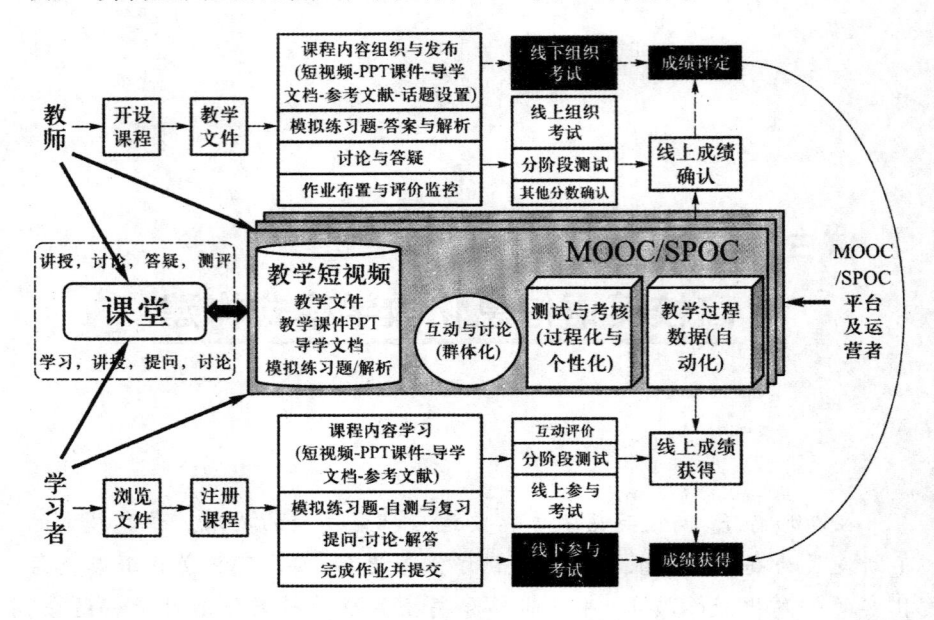

图 3-1 慕课教学与传统课堂的比较[1]

慕课用 MOOCs 表示,其可以理解为如下四个层面:

M 是 Massive 的简写,指的是规模比较大。那么这个规模比较大具体指的是两种:一是人数比较多,二是资源规模比较宏大。当然,这个"大规模"也是相对来说的。

O 是 Open 的简写,即慕课课程的开放性,学生可以根据自己的兴趣选择学习课程,如果他们想学习,他们就可以注册、下载学习。即便一些课程是由某些盈利公司建设的,他们也可以进行下载。

O 是 Online 的简写,即教与学的过程是通过网络实现的,如教师的线上教授、学生的线上学习、师生之间的讨论、学生作业的完成与提交、学生作业的批改等。

Cs 是 Courses 的简写,即课程包含主题提纲的讲授、内容的讲解、各种学习资料的上传、作业的布置、注意事项的提醒等。

慕课这门课程与传统的互联网远程课程、函授课程、辅导专线课程不同,也与网络视频公开课不同。从目前的慕课教学来说,所有的课程、

---

[1] 战德臣等:《MOOC+SPOCs+翻转课堂:大学教育教学改革新模式》,高等教育出版社,2018,第 76 页。

教与学的进程、师生之间的互动等都可以在网络上实现,具有完整性与系统性。

慕课这一教学模式最早是在 2008 年出现的,但是真正的流行是在 2011 年,是教育的一大革新。之后,出现了很多与之相关的课程,直到 2012 年,由于各个大学不断推进慕课教学,因此将 2012 年称为"慕课元年"。

（二）慕课教学的分类

著名学者蔡先金在他的《大数据时代的大学：e 课程 e 教学 e 管理》一书中,将慕课教学模式划分为如下两类。

1. 基于任务的慕课教学模式

这一模式具体如图 3-2 所示,其主要研究的是学生在任务完成之后对知识、能力的获取情况。学生可以从自身的学习方式出发,按照一些具体的步骤开展教学,可见学生的学习具有灵活性。学生可以对一些录像、文本等进行观看,也可以共享其他学生的成果,从而完成自身的任务。

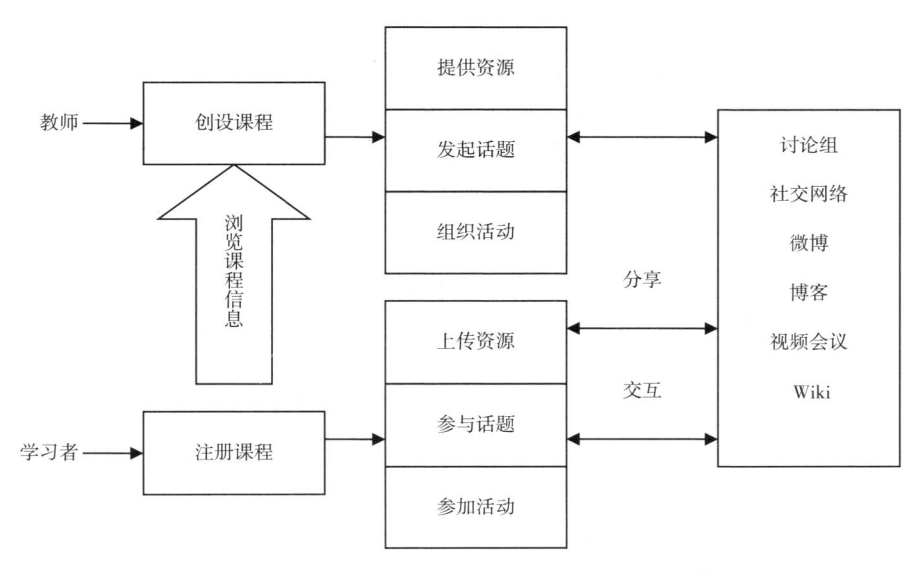

图 3-2 基于任务的慕课课程设计开发模式[1]

---

[1] 蔡先金等：《大数据时代的大学：e 课程 e 教学 e 管理》,山东人民出版社,2015,第 333 页。

2. 基于内容的慕课教学模式

这一模式如图 3-3 所示,主要侧重于学生对内容是否可以清楚掌握,一般会通过总结性评价、形成性评价等手段来评估学生的学习成果。当前,其非常注重研究学习社区的相关内容。在这一模式中,很多名校视频也包含在内,并设置了专业的用于测试的平台,学生在这一平台可以免费进行学习,并可以取得相应的证书。

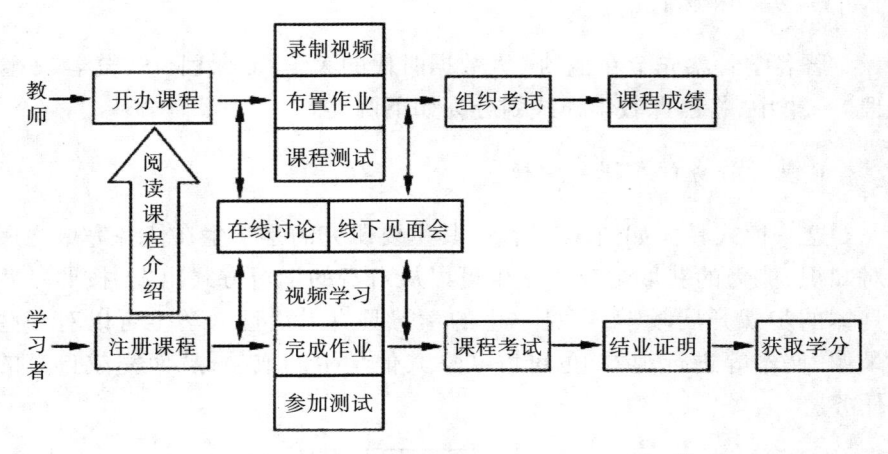

图 3-3 基于内容的慕课课程设计开发模式[①]

综合而言,上述两大模式的特征可以总结如下:

第一,慕课课程设计以及活动组织都是建立在网络这一平台基础上的。

第二,慕课课程设计不仅包含了课程资源、课程视频等内容,还容纳了学习社区等内容。

第三,慕课课程的时间一般不会太长,控制在 8~15 分钟之内最佳。

第四,慕课课程设计主要是考虑大众因素的,因此在目标设置的时候也需要从多方面考虑。

第五,慕课课程设计应保证创新性和开放性。

---

① 蔡先金等:《大数据时代的大学:e 课程 e 教学 e 管理》,山东人民出版社,2015,第 333 页。

二、高校英语教学中实施慕课教学的意义

(一)突破时空限制,转变教学模式

慕课教学突破了传统的大学限制,让学生在接受高等教育的时候,不因时间、地点等受到限制,这给传统的高等教育带来了巨大的挑战。

慕课教学模式对于大学课程的设计与开发、师资发展等影响巨大,尤其更明显的影响主要体现在教学方法与策略层面。因此,当前的高等教育除了要适应社会发展的趋势,还需要考虑慕课教学在我国的本土化问题。一些专家学者通过研究国外的慕课教学,建立了很多国内本土化的英语在线开放课程群,学习者不仅可以自己选择适合自己的课程,还能学到英语知识,提升自身的英语水平。也就是说,英语慕课教学使教学更加优化,提升了教师的教学质量与效果。具体来说,英语慕课教学在教学层面有如下两点优势:

第一,使英语教师从传统的教学模式中解放出来,这也意味着他们将面临巨大的挑战,英语教师应该不断学会运用技术,为学生构建高效、多样的英语慕课课程。

第二,运用慕课教学模式,教师的需求将会减少,并且会在慕课教学中出现一些"明星"教师,每一位教师也有很多的学生"粉丝"。另外,教师的授课重点也会发生改变,尤其是明星教师提供的精品课程,这些课程必然需要有好的教材、声源等,但为了给学生创造优质的视觉感受,还需要添加一些肢体表达。

(二)激发学习兴趣,使学生的学习更为自由

在慕课教学模式下,人们更多关注的是能否激发学生的学习兴趣,是否发挥了学生的主观能动性。因此,通过慕课平台,学生的学习从繁重的课堂中解放出来,而在这种轻松的学习模式下,他们获取知识的欲望将会逐渐增加,从而变成主动获取知识。学生可以在自己设定的时间内,对知识的来源与结构进行充分的了解,将关键性知识与内容把握好,学生的学习过程也限于如何提出问题、寻找答案解决问题等。

另外,慕课学习环境让学生的学习更加自由,便于培养学生自身的自主学习能力。他们通过自主学习,有了大量的课外学习实践,从而不断拓宽自己的学习视野,提升自己的兴趣点。

三、高校英语教学中实施慕课教学的策略

（一）构建多层次的慕课课程

如前所述，慕课教学模式冲击着传统的英语教学，尤其是传统的英语教学模式单一的情况。从师资力量上说，传统的师资力量比较薄弱，教师资源非常有限，导致很多课程的讲授并没有针对性。相比之下，英语慕课教学基于学生的兴趣和积极性来设置课程，这使得学生学习英语的动力明显提升，从而不断提升他们学习的效率与质量。

（二）采用多种教学方式展开慕课教学

虽然很多学校都要求不断进行英语教学改革，在上课方式上也不再是单一的手段，但是在教授方式上还是过多倾向于知识点的讲述，即便是将多媒体手段融入其中，也多是课堂讲授的辅助手段，因此只是将传统的板书形式替代成了现在的多媒体形式。相比之下，英语慕课教学模式更为多样化，学生即便不在学校之内，也能够通过网络获取知识。

（三）展开多渠道考核学生的慕课学习情况

在慕课教学模式下，英语教学中设置了多渠道的考核手段。如果仅仅是传统的笔试考试或者论文写作，那么很难将学生的实际能力检测出来。但是，在英语慕课教学模式下，可以进行个性化的考核，这样的考核可以将学生的积极性激发出来，从而有利于开展下一阶段的学习。

第二节　高校英语微课教学

一、微课教学的内涵与分类

（一）微课教学的内涵

微课教学是指教师将微课的资源整合到日常课堂当中，根据学生的学习特点和学习进度，将微课资源与普通课堂相结合，从而实施教学的过程。

微课教学的特点主要体现在以下几个方面：

（1）内容易懂，精力专注。

（2）集中、强化教学技能。

（3）突出自身优势，彰显个性特点。

(二)微课教学的分类

当前，在微课教学中，有几种模式是非常常见的。下面这几种模式的构成要素有着较大的差异，但是各有各自的特点与语用范围，下面就对这几种模式展开详细的论述。

1."非常4+1"微课资源结构模式

"非常4+1"模式主要由图3-4所示的五个要素构成。其中"1"代表微视频，而"4"代表围绕它的四个层面，用于构建微视频。这"4"个层面都是围绕"1"建构起来的，并且是与"1"相匹配的资源。

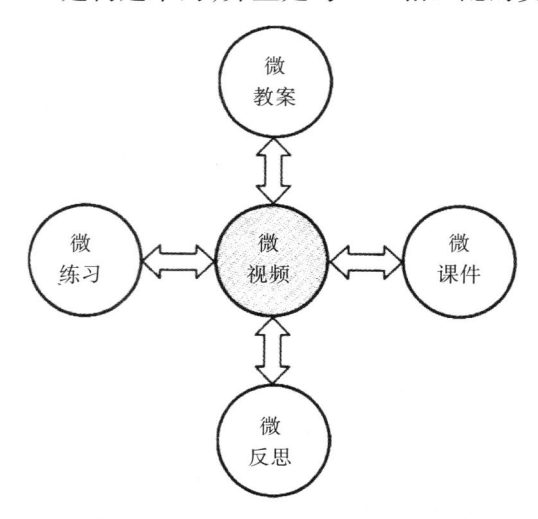

图3-4 "非常4+1"微课资源结构模式[①]

[①] 王亚盛，丛迎九：《微课程设计制作与翻转课堂教学应用》，机械工业出版社，2015，第4页。

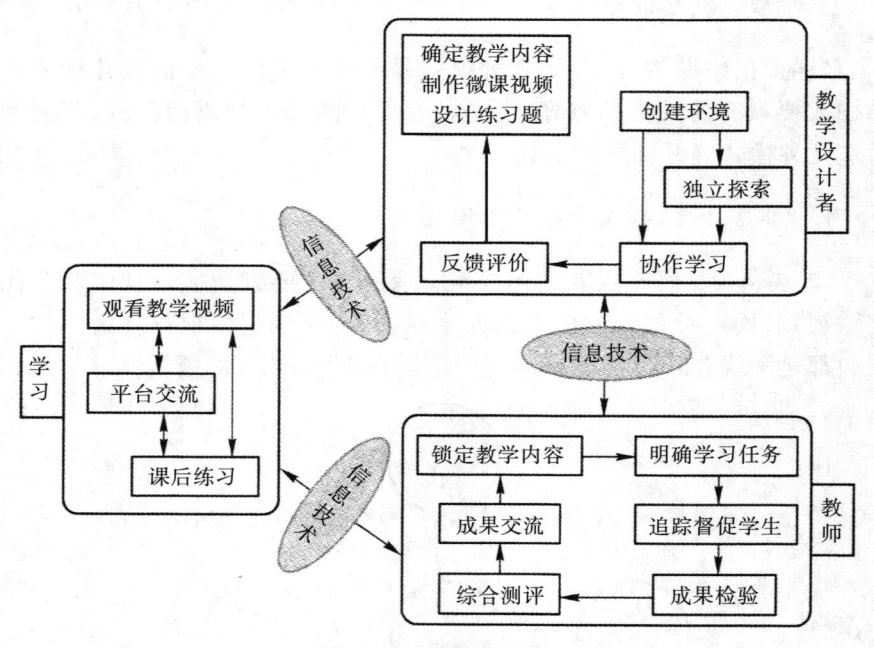

2. 可汗学院微课教学模式

可汗学院微课教学模式(图3-5)就比较复杂了,并且具有较高的建构成本,但是适用范围还是相对比较广泛的。在这一模式中,教学设计者、教师、学生彼此之间是相互促进的关系,当然彼此也是独立的。这一模式主要是为了完成教学的设计。

图3-5 可汗学院微课教学模式[①]

3. "111"微课内容构建模式

"111"微课内容构建模式(图3-6)主要指的是对三个"1"的把握。其中第一个"1"指的是用1个案例引入教学情境,从而让学生对学习的价值与意义有清楚的了解;第二个"1"指的是带出1个本集需要的知识点或者概念,从而强化对知识的理解和把握;第三个"1"指的是对其进行训练,从而实现知识的内化。

---

① 王亚盛,丛迎九:《微课程设计制作与翻转课堂教学应用》,机械工业出版社,2015,第4页。

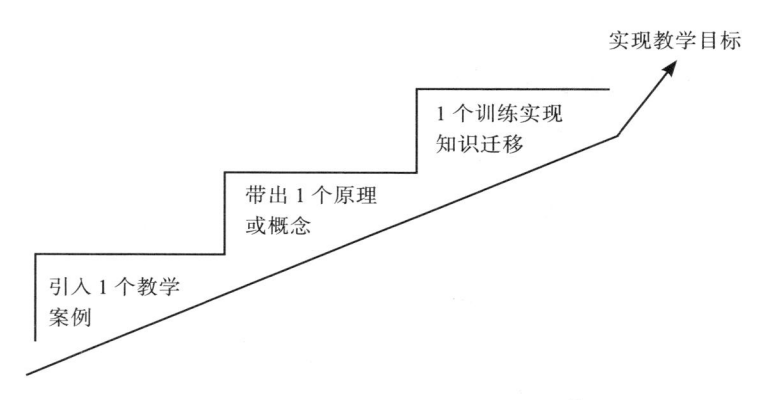

图 3-6 "111"微课内容构建模式①

4. "123"微课程教学运作模式

"123"微课教学模式(图 3-7)是基于国内外中小学学习情况建构起来的。其中的"1"指的是教学活动应该将微课程视作中心,并且强调短小;"2"指的是教师要设置教案,组织教学活动,一般要设置两套教案;"3"指的是根据资料展开自主学习,这里主要有三组资料。

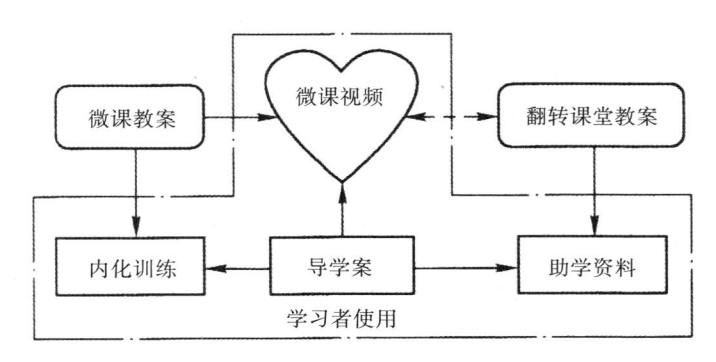

图 3-7 "123"微课程教学运作模式②

---

① 王亚盛,丛迎九:《微课程设计制作与翻转课堂教学应用》,机械工业出版社,2015,第 5 页。
② 王亚盛,丛迎九:《微课程设计制作与翻转课堂教学应用》,机械工业出版社,2015,第 6 页。

二、高校英语教学中实施微课教学的意义

（一）促进学生学习的积极性

高校英语微课教学中，教师用直观的教学手段清晰地展示抽象的理论知识和技能，为学生理解与掌握知识和技能提供了方便，使学生学习起来更容易一些。学生对新鲜事物总是充满好奇心，而对于高校学生来说，新颖的微课教学模式是比较新鲜的事物，能激发他们的好奇心和求知欲，学生在新的教学模式下学习的积极性会得到提升，更愿意主动学习，这对于提高学习效果、提升英语素养具有重要意义。

（二）使学生的个性化学习需求得到满足

高校英语微课教学可以使不同学生的个性化学习需求得到满足，学生可以根据自己的学习需要对所要学习的内容进行灵活选择，既能强化自己已经掌握的知识与技能，又能重点学习自己还未掌握的知识与技能。高校英语微课教学为学生提供了延伸性的学习平台，学生利用这一拓展化的学习资源可以查漏补缺，完善自己的知识体系，巩固自己的运动技能。传统英语教学中，由于一节课时间比较长，学生的注意力很难始终保持高度集中的状态，学生注意力分散，无法与教师配合好，自然就会影响课堂教学的顺利进行和最终的教学效果。而在高校英语微课教学模式下，由于时间短，而且学生面对的是生动形象的教学资源，所以更容易集中注意力，更容易准确抓住知识点，还能主动思考与探索，这对于促进学生视野的拓展及学习水平的提高是有好处的。

三、高校英语教学中实施微课教学的策略

高校英语微课教学的组织与实施过程可分为以下三个阶段：

（一）课前准备

课前准备工作的好坏直接反映教师的内容编制技能，准备阶段的工作主要包括对教学内容的选取、对教学目标的确定、对教学策略的制订、对教学顺序的安排及对教学器材的摆放等内容。选取教学内容一定要有明确的主题，对某一个或少数几个选定的问题集中进行说明，这样

才能体现出高校英语教学的目的性、计划性,才能使教学目标发挥引领作用。

(二)课中教学

1. 课程导入

微课时间较短,在有限的时间内尽可能用新颖的方法引出课题,这样才能在短时间内吸引学生的注意力,使其在接下来的时间里集中精力学习。这一环节用时较少。

2. 正式进入教学活动

教学活动是主体部分,以解决一个技术问题为主线,教师的讲解要简短精练,留出让学生自主练习的时间,教师在旁边巧妙启发、积极引导。

3. 课后小结

课堂小结是对教学内容要点的归纳及整个教学的总结。课堂小结贵在"精",要起到画龙点睛的作用,不要做不必要的总结,以免画蛇添足。

(三)课后反思

教学探究和解决问题是课后反思的基本立足点,反思的要点有两个,即教和学,要通过反思来检验目标的合理性与达成情况,根据现实问题而提出解决方案与改进建议。

第三节 高校英语翻转课堂教学

一、翻转课堂教学的内涵与理论

(一)翻转课堂教学的内涵

当前,出现最早的翻转课堂模型就是图 3-8 所示的罗伯特·塔尔伯特(Robert Talbert)教授的模型,其在"线性代数"中应用了这一模式,

并且效果显著。

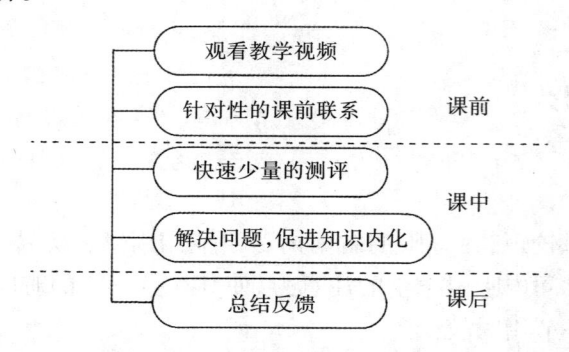

```
观看教学视频  ┐
针对性的课前联系  ┘ 课前
快速少量的测评  ┐
解决问题,促进知识内化  ┘ 课中
总结反馈  ── 课后
```

图 3-8 罗伯特·塔尔伯特的翻转课堂教学结构图[①]

  这一模型为后续学者、专家进行教学模式探索提供了基本思路。那么,到底什么是翻转课堂教学模式呢?有人将其定义为一种在线课程,也有人将其定义为传统课堂顺序的颠倒,并未实质进行变动。但是,这两种观点都不准确。实际上,翻转课堂的核心在于教学视频,但是教师在其中也仍旧发挥重要的作用,因此不能将翻转课堂定义为一种在线课程。在传统的课堂中,教师充当知识的灌输者,但是翻转课堂是将知识传授予以提前,而将课后需要练习的内容转移到课堂之中,学生与教师或者其他学生在课堂上可以进行探讨。这种颠倒实际上是为了让学生对知识进行内化,这才是翻转课堂的内涵所在。

(二)翻转课堂教学的理论

1. 掌握学习理论

  所谓掌握学习,即学生在自身掌握足够的时间与最佳的学习条件的前提下,掌握学习材料的一种手段。这一理论是由卡罗尔提出的,并且卡罗尔认为,学生的学习有的比较快,有的却很慢,但是只要为他们准备充足的时间,那么他们都会学会的。

  之后,布鲁姆(B. S. Bloom)在卡罗尔的理论的基础上,提出了"掌握学习"教学法,这一理论对后期的教学模式改革提供了帮助。在布鲁姆看来,掌握学习的核心在于学生之所以未取得好成绩,并不是他们的智力不够,而是因为他们的时间不足。所以,只要给予他们充足的时间,

---

① 孙慧敏,李晓文:《翻转课堂,我们在路上》,浙江大学出版社,2018,第1页。

那么他们的智力就会被激发出来,就会完成学业。

2. 学习金字塔理论

美国学者埃德加·戴尔(Edgar Dale,1946)率先提出"学习金字塔(Cone of Learning)"理论,它用数字形式形象显示了学生采用不同的学习方式在两周以后还能记住的内容多少(平均学习保持率),如图3-9所示。

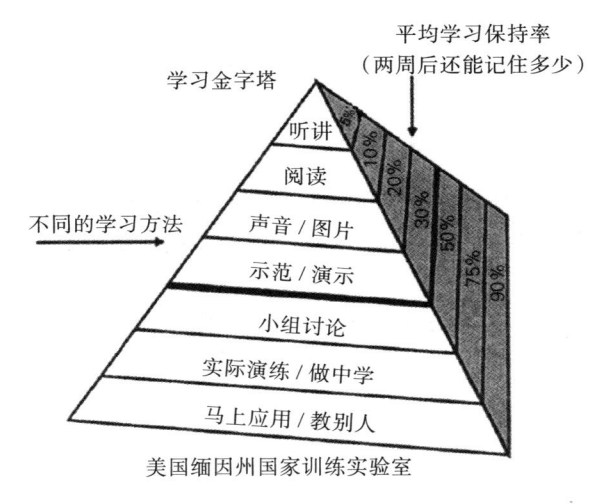

图 3-9 学习金字塔理论[1]

由图3-9可以看出,学习方法不同,其学习效果也必然不同。并且通过分析可知,其能够揭示出传统灌输学习转向体验式学习是如何影响学生学习的,也能够为学生提供提升学习效率的路径。

二、高校英语教学中实施翻转课堂教学的意义

(一)真正实现了以学生为中心

翻转课堂教学模式是对传统教学场所、教学时间等的改变。通过这一教学模式,教师将讲授的媒介转向视频,学生通过自学来获取知识。教师可以通过社交网站或即时通信软件为学生提供资料,学生可以在网上对这些资料进行获取,从而主动进行学习。当然,课堂成了学生与教

---

[1] 孙慧敏,李晓文:《翻转课堂,我们在路上》,浙江大学出版社,2018,第6页。

师、其他学生之间交流的场所,从而激发学生探究学习、协作学习。

(二)让学生的英语学习更为自主

在翻转课堂教学的课前学习部分以及课堂的任务活动部分,都需要学生参与其中,这不仅仅是让学生对学习负责任,还是让学生认识到只有通过学习,才能够与教师或者其他学生展开探究。这时候,学生从被动地学习转向主动地学习,从而培养他们的自主学习意识。

三、高校英语教学中实施翻转课堂教学的策略

(一)设计英语教学过程

美国创新学习研究所(Innovative Learning Institute,ILI)提出了翻转课堂设计流程。ILI认为,翻转课堂的设计过程主要包括如下几个层面:

第一,对课外学习目标进行确定。
第二,选择翻转课堂的具体内容。
第三,选择翻转课堂传递的手段。
第四,准备翻转课堂教学的资源。
第五,对课内学习目标加以确立。
第六,选择翻转课堂评价的手段。
第七,设计具体的翻转课堂教学活动。
第八,辅导学生展开学习。

(二)开发英语教学资源

从广义层面来说,教学资源指的是用于教学的材料以及相关的人力、物力、设施等,能够帮助个体展开学习的任何东西。随着科技的进步,信息化教学资源呈现出来,其指的是在信息技术环境下,为了实现教学的目的而出现的各种教学资源,如人力资源、信息资源等。

随着信息化资源的不断丰富和在教学中的不断应用,人们逐渐提出了翻转课堂的教学理念,从上述翻转课堂的过程可知,要想实现翻转课堂,需要具备一些基本的教学资源,如教学视频、阶段训练、学习任务单等。

当然,要想实现翻转课堂,除了需要具备上述一些资源外,还需要考

虑借助一些软件工具，这类资源贯穿于翻转课堂教学的全过程。这些软件的作用在于帮助教师设计教学视频，帮助师生展开协作交流，展示学生的学习成果等。

第四节　高校英语混合式教学

一、混合式教学的内涵

混合式教学是教学信息化发展的新阶段，它体现出信息技术从教学辅助转向与教学深度融合的发展轨迹。信息技术应用于教育教学最早始于计算机辅助教学（Computer Assisted Instruction，CAI），并且衍生出了计算机辅助学习（Computer Assisted Learning，CAL）、计算机辅助训练（Computer Assisted Training，CAT）等概念，直到之后信息化时代的网络教学平台（E-Learning）等，这些教学应用的特点都是从属于已有的教学流程，在教学过程中所起的更多是辅助、补充和支持作用。

当前从教学角度而言的混合式教学，使信息技术在教学中发挥的作用不再仅仅是工具或支撑平台，而是对教学思维、教学元素以及完整教学流程的重构。因此，混合式教学对于教学系统设计中的信息技术环境和条件、教学参与者的信息技术素养、教学管理的信息化水平都提出了更高的要求。

具体而言，在网络教学环境中，需要有稳定的有线网络和无线网络接入，而云计算服务器需要安装在专业的数据中心机房内，教师和学生应该普及智能手机和笔记本电脑等终端，并能够随时随地稳定快速地接入平台；教师和学生对信息化教育教学以及信息化时代教学和学习的新理念、新思维有一定程度的认识和理解，能够适应教学流程重构和翻转对教师和学习者提出的新要求，能够主动调整自己在传统教学和学习模式中的习惯思维和行为，积极融入混合式教学的新模式之中；教务管理部门在混合式教学的教务管理过程中必须继续提高管理的信息化水平，努力消灭数据孤岛，跨越数字鸿沟，重构教务管理规则和流程，避免传统教务管理中的一些规定和流程原样照搬到混合式教学的管理之中，

以免造成生搬硬套,影响混合式教学开展的结果。

另外,混合式教学中的教学绩效考核制度和教学质量评价体系与传统教学评估的指标和模式也存在较大的差异,需要教务管理部门与时俱进,研究制定混合式教学的考核和激励机制,从制度上推动基于慕课的混合式教学在学校教学中的应用普及与深入发展。

由于混合式教学是对传统教学模式的流程重构,不仅仅是简单的信息化应用,必将触动教师的传统教学观念和工作模式,甚至是触动教师的个人利益,这些问题与技术问题交织在一起,使混合式教学模式的施行势必会遇到一系列问题和阻力,因此学校教务管理部门和教学单位的首要工作目标应该是区别并梳理各种矛盾和问题,对症下药,多管齐下地予以逐步解决,切忌以点带面,放大次要矛盾而忽视或回避主要矛盾,从而使问题复杂化,导致关键问题更加难以处理。

二、高校英语教学中实施混合式教学的意义

(一)有利于发挥集合优势

开展混合式教学有助于将新旧教学模式结合起来,彼此之间进行相互的学习,系统展开思考,对各种教与学方法进行整合和分析。这样不仅能够将教师的教学技能挖掘出来,发挥教师在教学中的主导地位,还能够以学生为中心,发挥学生的主体性。同时,教师集中先进的教学技术、教学设施等,为学生创设必备的学习环境,从某种程度上说,这种混合式教学对教师的要求更高。

(二)有利于及时反馈

在传统的教学中,教师很难进行准确、全面的反馈,但是在混合式教学模式下,教师可以运用一些网络平台,结合线上线下教学环境,让教师全面准确地了解学生,帮助学生解决学习中遇到的问题,从而不断提升教师的教学效果。

(三)有利于建立高效互动课堂

传统的教学模式主要侧重于教学活动,教学内容主要是教师灌输给学生,是一种单向的转移。在学习中,学生不能有效地参与到课堂之中,学生与课堂很难实现互动。教师的教学模式也比较单一,缺乏灵活性。

在混合式教学模式下，教师选择先进的教学手段，目的是实现师生之间的互动，从而便于师生解决教与学的问题。

（四）有利于个性化学习

在学习中，学生可以根据自己的需要选择适合自己的学习方式，激发他们主动参与课堂，展开与教师、与其他学生之间的协作。同时，学生也有充足的时间进行课外实践。显然，这与当前的英语教学改革潮流相符。同样，学生能够自主选择也属于一种深度学习，是一种创新手段，便于学生获取好的成绩。

三、高校英语教学中实施混合式教学的策略

（一）课前准备

在混合式英语教学中，教师在展开授课之前，要从教学内容、学生实际学习情况出发，对课程资源进行整合，并考虑实际的情况，设计具体的教学任务，从而培养学生的自主学习能力。例如，通过"朗文交互学习平台""新理念外语网络教学平台"等，教师可以将与教材相关的学习目标、学习计划、学习主题等预习任务发送给学生，学生从自身的能力出发，通过各种形式完成预习任务，从而不断提升自身的自主学习能力。同时，在混合式教学中，学生与教师或者其他同学之间还可以进行互动，如果遇到问题，学生也可以向教师或者其他学生寻求帮助。

（二）课堂讲授

混合式教学实际上是线上线下混合式教学，其中的线下即课堂讲授，这一阶段主要通过课堂与自主学习平台的融合，展开多媒体辅助教学。首先，教师要对学生的预习情况进行检查，并指出学生在预习过程中存在的问题。其次，教师运用多媒体对教学内容进行丰富，提出一些具体的问题，让学生进行思考。再次，教师从实际情况出发，设计相应的学习任务，让学生之间进行探讨，或者通过一些角色扮演的形式，调动学生的参与积极性。最后，教师让学生进行反思，或者进行自评、互评，对自己的学习内容加以总结，激发他们的探究精神。

(三)课后补充

在课后,教师通过混合式教学对学习资料进行补充,扩大学生的视野,加深学生对知识的掌握。当然,学生也可以在网上寻找一些复习材料,从而使自己的学习效果更优化。

第五节 高校英语多模态教学

一、多模态教学的内涵

所谓模态,即交流的渠道与媒介,是一种囊括语言、图像、技术、音乐等符号的系统。多模态教学模式建立在多模态话语分析理论的基础上。20世纪90年代,西方学者提出了多模态话语理论。这一理论指出,语言属于一种社会符号,音乐、绘画等非语言符号对语言意义的生成起着重要的影响作用。各种语言符号与非语言符号模态之间是相互独立也是相互影响的关系,共同生成语言意义。

在多模态话语分析理论的基础上,新伦敦集团(New London Group)提出了多模态教学方法。其作为一种教学理论,涵盖了多种符号资源,如声音、视觉、图像等。根据多模态语言理论,语言的输入、输出会受到多种符号模态的影响,因此在英语教学中,可以将多种符号模态融合起来,结合音乐、图像、网络等形式,对英语课堂进行丰富,调动学生学习的积极性与主动性,从而交互式地学习英语语言,达到对英语语言的充分记忆以及恰当应用的目的。

在信息技术背景下,教师采用多模态教学,可以充分运用网络多媒体等手段,创设各种语言学习情境,让学生真正体会到语言学习的乐趣,多渠道地激发学生的听觉、视觉等感官,为学生提供全方位浸染式的语言环境,促进学生不断提升自身的语言技能。

二、高校英语教学中实施多模态教学的意义

（一）改善了学生的英语学习模式

首先，高校英语多模态教学将多种符号模态引入英语教学之中，对学生的多种感官进行刺激，让学生将多种感官应用到英语学习之中，对自己的信息输入加以丰富，让学习者直观地接收、记忆学习内容。与单一的语言讲解相比，多模态教学能够提升学生的记忆力。

其次，从多模态表现形式的需求出发，高校英语多模态教学往往采用的是不同的教学手段，对教学形式加以丰富，避免英语教学过于单调。这样的方式可以将学生的学习积极性调动起来，通过参与各项活动，学生的英语学习也变得更为主动，便于学生形成自主学习的意识。同时，学生的参与也能够不断训练他们的综合能力。

最后，高校英语多模态教学能够对传统单一的模态教学进行弥补，从教学目标、教学内容出发，采用不同的教学方法，用直观的方式，让学生主动、积极地参与其中，提升他们对语言使用的效率，进而提升学生的综合运用能力。

（二）提升了英语教学的质量和水平

高校英语多模态教学是将多种模态结合起来展开教学，将学生的各个感官调动起来，让学生对学习内容有清楚的理解，在同样的时间内，多感官要远远比单一的感官更容易理解与记忆。这从一定程度上提升了教学的效率和质量。

三、高校英语教学中实施多模态教学的策略

高校英语多模态教学作为一种新型模式，充满着活力，在信息化背景下必将日趋完善。那么下面我们就来具体分析高校英语多模态教学的构建策略。

（一）充分利用多媒体资源展开多模态教学

在英语教学中引入多媒体技术，是英语教学的一种变革手段。多模态教学强调调动学生的多项感官，从而满足英语教学的要求。多媒体课

件正是这样的一种实现手段,其将文字、音频、视频等集合起来,以调动学生的多种感官。当然,教师在制作多媒体课件的时候,需要进行多种准备,需要考虑不同的教学任务,对各种资料进行搜集与设计。

(二)建设多模态化英语网络空间

随着网络技术不断进步,我们的校园网、校园论坛更加丰富,也被逐渐应用到教学中。所谓网络空间教学,即教师通过网络平台与学生展开交流与互动。他们可以在网络上进行实名认证,从而便于师生之间展开交流。

2015年河南牧业经济学院创建了网络教学平台系统,这一系统是在Sakai教学平台的基础上研发的远程教学系统,该系统采用"引领式再现学习"的理念,通过论坛、课程空间等形式,在教师、学生、学习资源之间构建了一个交互渠道,调动了学生的多种感官,激发了学生学习的积极性,从而实现了多模态教学。

当进行英语网络空间教学之后,教师与学生之间可以突破时间、地点的障碍,他们可以在线进行问答,展开互动,这样不仅便于教师了解学生的学习情况,也能增进彼此之间的关系。

通过网络空间,教师也可以对学生的作业进行批改。学生在固定的时间提交自己的作业,然后教师进行批改与反馈,这不仅可以节约用纸,还可以让师生进行互动。

需要指明的是,网络空间要想发挥出应有的作用,必须让学生积极参与其中,学生需要登录上去完成学习和作业,教师要实时进行分析和阅读,从而评估学生的学习情况。

第四章
高校英语信息化教学方法应用

词汇、语法等知识教学与听、说、读、写、译五项技能教学共同构成了高校英语教学的重要内容。在信息化时代,教师应该从学生的学习需求出发,明确学生在各项教学中所缺乏的内容,让学生进行自主学习,在课堂上教师应该充分将知识盘活,引导学生进行思考,这样才能真正地实现课内课外的融合。本章就对信息化教学在高校英语教学内容中的应用展开探索。

第一节 信息化教学在词汇与语法课堂中的应用

一、信息化教学在词汇课堂中的应用

(一)词汇相关内容解析

1. 词汇

在英语学习中,无论是要提高听、说、读、写、译的基本能力,还是想研究语音、语法、语义、语篇等专业内容,我们都会遇到词(word,lexis)。现代语言学的创始人之一——瑞士著名语言学家费迪南·德·索绪尔(Ferdinand de Saussure,1857—1913)曾说过,语言是"词的语言",

词是"语言的机构中某种中心的东西"。

那么词究竟是什么？苏联的语言学家在《词的词汇成分和语法成分》中也提到：词在词汇领域内和语法领域内是语言必备的单位，因此必须把词看成是语言的基本单位：一切其他的语言单位（如词素、短语、某种语法构造）无论怎样都是以词的存在为前提。

然而对"什么是词"这一问题尽管长期受到语言学家的关注，人们也提出了很多的定义，可是似乎没有一个看起来完美无缺的，因此迄今为止，学者们尚未能就词的定义达成一致。有一点是可以定下来的，那就是对词所下的定义所涉及的基本内容不外乎是音和义的问题。

有的人认为，词是语音和意义的统一体，语音是词的物质外壳，意义是词的物质内容。有的人则认为，词具有固定的语音形式，代表一定的意义，属于一定的语法范畴，体现一定的语法功能。

《朗文语言教学词典》将 word 定义为，指在口语或书面语中独立出现的最小语言单位，但是这一标准并不总能适用。例如，类似 the 这一类的功能词能独立出现吗；can't（即 can not）这一类的缩写形式算一个词还是两个词。可是，有证据表明，说本族语的人对于他们的语言中什么是单词，往往看法一致。

综合语言学家们对词的定义，我们可以说词是语音和意义（包括词汇意义、语法意义）相结合的语句的基本结构单位。或者可以说，词是具有一定语音形式，表示一定意义，能够自由运用的最小语言符号。例如：

She has the ability to swim like a fish.

本句中的所有单词都是音与义的结合体，也是构成全句的基本结构单位，其中 she, ability, swim, fish 具有独立的词汇意义，the, to, like, a 在表示词汇间关系时产生词汇的语法意义，has 独立地具有词汇和语法意义。

可以说，词是"最基本的结构单位，由一个或几个词素组成，通常在短语结构中出现"，词是一种语言符号（linguistic sign），具有意义和形式。词汇（vocabulary）是一种语言全部词语的总和。也就是说，词汇指的不是单个的词，而是指一种语言的全部词和语。"语"就是成语、惯用语等，它们使用起来大体上相当于一个词。总体来说，一种语言只有一个词汇，如"英语词汇"是英语里全部词语的总和。其实这是广义上的词汇。从实用或狭义上来看，词汇也可以是局部范围内词语的总和。

这就是说,词汇可以是一个人所掌握的词语的总和,也可以是一篇文章或一部书所使用的词语的总和。

总之,词汇是一个表示集合的名称,词只是词汇中的一个成员而已。词汇作为语言的建筑材料,直接反映着使用某种语言的人们在生活中所发生的变化,直接反映着人们对新事物、新现象认识的广度和深度。词汇能够反映语言的发展状况。一种语言的词汇越丰富、越纷繁,这种语言就越发达。英语是世界上十分发达的语言,首先便是表现在其词汇量的无比丰富上。据初步统计,当代英语的词汇量已超过了百万。

2. 词的分类

词汇是语言中的词和固定短语的总集合,是一个对立统一的体系。词所组成的每一个类聚都是词汇这个总集合的一个子集合。根据不同的研究角度和不同的划分标准,可以划分出若干性质不同的类聚。

(1)通用词和专用词。按语体属性,可以把词汇分为通用词和专用词。

通用词不受语体限制,能在各种语体中使用,这种词占词汇的大部分。而专用词是专用于不同语体的词,这种词的比重较小。专用词又可分为口语词和书面语词。口语词一般来说,通俗、活泼、生动、形象,多用于叙事语体;书面语词比较文雅、庄重、严密、准确,多用于政论语体和学术语体。

(2)表情词和非表情词。按是否带有感情色彩给词分类可分为表情词和非表情词。

表情词又分为不同的情况。有的表情词没有具体所指,不表达概念,只表达感情,如叹词。有的表情词在指称事物、表达概念时,还附带着表示对这种事物或现象的态度,有的词表达了人们对事物现象的赞许、肯定、褒扬的情感,含有褒义,称为褒义词;有的词表达了人们对事物现象的厌恶、否定、贬斥的情感,含有贬义,称为贬义词。

非表情词只指称事物、表达概念,并不附带说话人对词所代表的事物的态度,这样的词只有理性意义,没有感情色彩。

(3)新词、旧词和古今通用词。按历史属性,词可分为新词、旧词和古今通用词。

为了适应社会生活需要,在词汇体系中新出现的词都是新词,新词是利用原有的语素新创造出来的词。随着新事物、新观念的出现,标记

这些新事物的词也就产生了,如英语中的 AIDS 等。新词产生的途径很多,如新事物产生、人们观念的变化、词义的演变、短语的凝固和简缩、吸收外来词都可能产生新词。新造词与词派生出新义性质不同。

旧词是指在某一历史阶段曾存在过,后来逐渐消亡,只保存在文献中或偶尔被用于某种特定文体中的词。每一个历史阶段随着社会生活的变化,都会有一些旧词消亡。引起旧词消亡的原因是多方面的:所代表的旧事物消亡了,这些词也跟着消亡了;事物名称改变了,原来那些词只在成语里保留着;社会交际需求的改变以及语言中词汇的规范也会引起词的消亡。

古今通用词是指一种民族语言从古代、近代词汇中流传下来而为现代词汇所承接的词。简单来说,就是历史沿用的词。在一种语言的词汇中古今通用词应该占据大多数,古今通用词是一种语言词汇中的最核心的部分。

(二)词汇教学的原则

1. 词不离句,句不离文

词汇和句子,以至于全篇文章,是不可分割的有机体,孤立的单词难以准确地表达思想,只有将其放在句子或语篇中,才能实现其交际功能。"词不离句,句不离文"的方法就是要求词汇教学应结合句子和语篇来进行。教学中这种方法还能避免孤立地教单词所引起的枯燥、无味的感觉,提高学生学习词汇的兴趣和积极性。

词汇教学不只是让学生学习单词的音、形、义,其主要目的是使学生在听、说、读、写、译中对所学单词加以运用。直接法首先提出了句本位原则,即以句子为单位进行教学,整句学、整句用。听说法也主张以句型操练为中心,在句中学习词汇。20世纪70年代初产生的交际法则认为,不在特定情境下的句子也是没有什么交际价值的。交际法主张以"话语"(discourse)为教学的基本单位,将词汇融于语篇中进行教学。

2. 力求直观、方法多样

教一个英语单词应采用什么具体方法,至少要考虑两点:

首先,教师的方法应能适合学生的学习特点;在初学阶段学生词汇量有限的情况下,主要是采用直观手段,如果教师这时就使用复杂的英文释义,显然是不可取的。

其次,单词本身的特征也决定着方法的选择。例如,词义过于抽象的单词就不适合或无法进行直观教学。初学阶段,单词教学应尽量直观,利用图画、简笔画、幻灯、模拟动作等直观手段把所教单词与它所表达的内容建立直接的联系。直观法教单词比较适合初学阶段学生年龄心理特征,不仅能使单词教学形象、生动,给学生留下深刻的印象,而且还有利于培养学生用英语想的能力和直接(不经过心译)进行口头交际的能力。然而,到了学习的中、高级阶段,表达抽象概念的词汇开始多了,仍旧只用直观法显然不够,此时可采用多种方法与之相结合,以便能更好地揭示单词的内在含义。另外,随着学生年龄的增长,各种思维能力不断提高,单一的教学方法已不能满足学生思维的需要。

3. 学、用结合,保持兴趣

运用是学习的目的,也是学习的手段。教学中,词汇的运用分两个阶段:一是初步实践阶段,即套用阶段;二是灵活运用阶段,即带有交际性质的运用。这就是说,学习词汇的过程也是运用的过程,在运用中加深对词汇的理解,逐步深化词汇教学。同时,单词也在运用中进行识记,在运用中保持记忆,学到的单词是否已经掌握,也要在实践运用中进行检验。另外,在单词教学中让学生学有所用是激发和保持学生学习兴趣的根本手段之一。学生学到的词汇能在言语实践中加以使用,便会产生一种成就感,从而激发学生学习动机,提高词汇学习效率。

4. 逐步深化和扩展词义

英语单词多为一词多义,教师不可在学生初次接触某一单词时便将其所有意思和用法都教给学生。"一天吃成胖子"的想法和做法都是不现实的。教师要根据教材和内容需要以及学生的学习需要并考虑其接受能力,采用逐步深化和扩展词义的方法进行词汇教学。

5. 归纳对比,复习巩固

随着学生所学词汇的增多,教师在讲解或复习单词时,有必要把过去所学的词汇进行归纳比较。教师可指导学生对同义词、近义词、反义词、同形异义词等进行归纳,让学生在对比中区别异同,找出单词的使用规律,从而深化词汇教学。

（三）信息化教学在词汇课堂中的应用策略

1. 创设文化情境法

只有在具体的语境中，语言才能焕发出活力，如果单纯看某一个词、某一个短语，则很难理解这个词、这个短语的韵味。也就是说，正是因为词汇、短语在具体的语境中，语言才有了生命力。因此，教师在教学中应该创设丰富的情境，让学生置身真实的情境中，获取更多的语言输入，并且为学生创造在真实情境中运用词汇的机会。例如，教师可以为学生设计一些活动，如看电影，然后教师可以组织学生进行角色扮演，展开真实的跨文化交际活动。

除了组织跨文化交际活动外，教师还可以组织学生进行一些课外活动，让学生不断学习和理解英语语言文化，扩大学生的词汇学习渠道，培养学生的跨文化交际能力。例如，《疯狂动物城》这部影片受到了很多孩子的喜欢，但是很多学生并未对这部影片的名字 *Zootopia* 进行注意，也没有研究其基本的意义，觉得这可能是虚构的名字。实际上，如果了解其文化内涵，可能很多人就不这么想了。这个词是由 zoo（动物）和 Utopia（乌托邦）结合而来，如果学生对乌托邦有清楚的了解，那么就可能理解这一词汇了。当然，很多学生不知道什么是乌托邦，也就谈不上对这个词的理解了。其实，"乌托邦"就是理想国，因此这个词的含义就是动物理想国。

2. 词素分析法

词素是最低一级的语法单位，是词的构成成分。大纲指出："要使学生掌握基本的构词法。"通过构词法教单词，可使学生深刻理解单词的基本意义，揭示单词的内在规律，同时有利于单词的记忆。通过讲授一定的构词知识，还可以培养学生在阅读中识别词义的能力，从而扩大词汇量。

词素也可以分为词根（或称词根词素）和词缀（或称词缀词素）。

（1）词根。词根指的是英语单词中不可以改变的基本部分，它表达的是单词的最主要词汇意义。例如，在 modern, modernize, modernization 中，承载最主要的词汇意义且不可以改变的基本部分就是 modern，因此 modern 便是词根。

又如，在 beauty, beautify, beautification, beautiful, beautifully 中，beauty 是词根。因此，我们可以将词根理解为英语单词中去掉所有词缀后所剩下来的那一部分，如 antidisestablishmentarianism 在去掉词缀 anti-, dis-, -ari, -an 和 -ism 之后所剩下的 establish 便是词根了。

词根又分为自由词根和粘着词根。自由词根既可以独立以单词的形式出现，又可以与别的词素一起构成单词，如 care 既可以独立成词，又可以出现在诸如 careful, careless, carefree, care-laden（忧心忡忡），care-taker, care-worn（受折磨的），carefully, carefulness, carelessly, carelessness 的词汇之中，属于自由词根。粘着词根与自由词根的相似之处在于它也是承载基本意义的组成部分，但与自由词根不同的是，它是一种粘着形式，因此必须与别的词素结合在一起才能构成单词。例如，dict- 是来源于拉丁语的一个词根，意思是"说、讲"，但在英语中它是粘着词根，不能独立成词，但可以与其他的词素一起来构词，如加上前缀 contra-（反对）和 pre-（前），就可以组成动词 contradict（矛盾）和 predict（预言）；加后缀 -ion，则构成名词 contradiction（反对）和 prediction（预言）；加后缀 -or，则构成表人的名词 contradictor（反对者）和 predictor（预言者）。此外，还可以有 dictum（格言），dictate（指示），dictation（听写），dictator（独裁者），diction（用词），dictionary（词典）等。

（2）词缀。词缀指的是附加于一个单词上并改变其意义或功能的词素。几乎所有的词缀都是粘着词素，不能独立使用。根据功能的不同，词缀又可以分为屈折词缀和派生词缀。

屈折词缀指的是加在词尾用以表示某种语法关系的词缀。它们的加入只改变所加入词的语法关系而不改变其意义，也就是说不能构成有新的词汇意义的新词，也不改变所附词的词类。

派生词缀指的是那些附加在英语单词上之后可以"派生"（derive）出一个新词的词缀，如 re+type, super+star, de+code, sur+pass, passiv+ism, by+pass 等。许多的派生词有其特定的词汇意义。例如：

在 interchange（交换），interfuse（使混合，弥漫），interlace（交织，组合），interlude（间奏曲），intermingle（混合，掺杂），intermix（混合，混杂），interactional（国际的），interplay（相互作用），interpose（使介入），intersect（贯穿，相交），intersperse（散置，点缀），interweave（交织，混合）等词中，派生词缀 inter- 的词汇意义为 between。

在 communist（共产主义者），defeatist（失败主义者），dogmatist（独断者），florist（花匠），novelist（小说家），ornithologist（鸟类学家），sophist（诡辩家），specialist（专家），tourist（视光客），typist（打字员），violinist（小提琴家）等词中的派生词缀 -ist 的词汇意义是"……的人"。

值得指出的是，有一些派生词缀有不止一个意义。例如：

be- 在 becalm（使不动），befool（愚弄），befoul（污染），befriend（像朋友一样对待），beguile（欺骗），belittle（贬低），benumb（使麻木），betroth（许配）等词中的意义是 to make。在 becloud（蒙蔽），bedew（沾湿），befog（迷惑），bestar（布满星星）等词中的意义是 to cover with。在 become（成为），befall（降临），behold（看见），bemoan（悲悼），beset（包围），bespeak（预定）等词中的意义是 upon。在 because（因为），bequeath（遗赠），beside（在旁）等词中的意义是 by。在 bedrench（使湿透），befit（适当），beloved（所爱的），bereave（夺去，使丧失），besiege（包围），bethink（思考）等词中的意义是 intensive（加强语气）。

派生词缀可以分为前缀和后缀。前缀附加于词的前面。例如：

anti+septic 防腐的，防腐剂

auto+infection 自身感染

un+shackle 解除束缚

vice+consul 副领事

后缀附加于词的后面。例如：

billion+aire 亿万富翁

lamb+kin 小羊

citizen+ship 公民身份，公民权利或职责

notch+y 有锯齿状的

moist+en 使湿润

3. 网络辅助法

词汇学习不能仅依靠教师的课堂讲授，还要依靠学生的课外自主学习，对此，教师应有效引导学生充分利用课外时间来自主扩充词汇量，丰富词汇文化知识。

（1）学习资源圈共享,引导学生深度学习。通过共享学习资源圈的建构,对学生展开分层教学,教师可以为学生介绍一些与课本配套的线上课程,通过这些线上的课程,可以对课堂的内容加以补充,从而不断丰富学生的学习资源。由于学生固有的知识水平是不同的,并且他们接受的学习情况也存在差异,因此教师在教学的时候,应该实施分层教学,考虑学生的不同层级,设置的任务要与他们的能力相符,这样才能满足不同学生的学习需求。

在信息技术的辅助下,学生的词汇知识学习不应该仅仅局限于阅读、写作、背诵层面,而应该将那些零散的知识整合起来,实施在线学习。通过信息技术的辅助,教师要引导学生不断设计自己的学习,将学生的学习兴趣和积极性激发出来。建构主义注重将学生作为中心,强调学生对知识的获取能力与探索能力,让他们主动发现与建构知识,通过对知识的发现与建构,解决学习中遇到的一系列问题。

（2）建立评价机制。通过信息技术,学生可以自己展开测试,这可以让教师对数据加以整合,找出学生容易出现问题的地方,然后在课堂上将这些重难点讲解一下,并及时收集学生的学习情况。显然,通过这种线上测试,可以激发学生的学习兴趣,也是对学生自主学习的一种鼓励。

二、信息化教学在语法课堂中的应用

（一）语法相关内容解析

英语语法属于经验认识的理论,它是人类生活的物质和意识两方面持续辩证发展的结果。如果将语言看成是人类对经验的识解,那么语法就是经验识解的方式。语法虽然使意义的表达具有可能性,但是也对什么可以被意义化设定了限定。

在语法研究中,句法功能是其研究的重点。

所谓句法功能,指的是一种语言形式与同一句型中其他部分之间的关系。下面就来具体对句型展开分析和探讨。

句型是句子的结构模式。一个语言中的句子可以很多,但组成句子的结构模式却是有限的。不同的语言根据自身语法结构的特点,可以得出不同的句型。

按照句子的结构模式,句型可以分为主谓句和非主谓句。一个完整

意义的句子一般必须有主语和谓语,但也有一些句子没有主语和谓语。主谓句多出现在书面语中,非主谓句多出现在口语中。

根据主谓结构的层级和表达完整意义的多少,句子可以划分为单句和复句。只有一个独立结构的主谓句或非主谓句叫单句;由两个或两个以上意义上密切联系,结构上相对独立、互不包含的主谓句或非主谓句构成的句子叫复句。

句型还可以从句子成分的性质和多少、充当某一句子成分的词语性质、特有的语法词语的有无等不同的角度进行分类。

根据句子成分,各种语言通用而比较常见的句型可以分为"主语—谓语"句、"主语—谓语—宾语"句、"主语谓语—双宾语"句等。

根据谓语的性质,句型分为动词性谓语句、形容词性谓语句、名词性谓语句等。根据主语与谓语动词的关系,句型可以分为主动句、被动句等。汉语比较特殊的句型有主谓谓语句、连谓句、兼语句、存现句、"的"字词组句、把字句、被字句等。英语比较特殊的句型有宾语补语句、there be 句型、it 句型、what 句型等。

一个简单的句子,添加不同的句子成分或使句子成分复杂化,这就是句型的扩展。语言具有递归性特点,几乎可以使简单句无限地扩展下去。英语也可以做类似的转换:"To teach him is difficult." "It is difficult to teach him." "He is difficult to be taught." 句型的转换是多种多样的。对大多数语言而言,常见的转换有主动句与被动句的转换、肯定句与否定句的转换、陈述句与感叹句的转换、陈述句与疑问句的转换、主语与宾语的转换、宾语与状语的转换、简单句与复杂句的转换、省略句与不省略句的转换等。对特定的语言而言,汉语有把字句与被字句的转换、普通主谓句与主谓谓语句的转换、普通主谓句与名词谓语句的转换、"的"字词组句与非"的"字词组句的转换等。英语则有复合宾语与宾语从句的转换、"it"句与简单句的转换、"it"句与"there be"句的转换、分词短语与状语从句的转换、定语从句与状语从句的转换等。

例如:

He who looks not forward finds himself behind.

不进则退。(用定语从句表达)

If he does not look forward, he will find himself behind.

不进则退。(用状语从句表达)

(二)语法教学的原则

1. 精讲多练,使学生熟练运用

针对需积极掌握的语法项目而言,精讲多练已是大家所熟悉的教学原则。语法教学中,"练"是力点,讲为更好地练开路。讲与练常常又是相互结合的,即讲中有练,练中有讲。初学阶段,语法课应为实践课,也就是说可以练代讲,讲与练还有各自的不同要求。

精讲不但要讲得少,讲得准确,击中要害,还要引导练习,为练习搭桥、铺路。用归纳法讲,要讲得概括,能对所有例证加以抽象化,使学生"一旦豁然贯通"而轻易地记住;用演绎法讲,要讲得典型,讲到所学项目的核心,使学生便于在练习中进行扩展、生成。

言语活动操练是语法操练的总框架。言语活动操练主要是利用言语材料进行言语实践活动,操练既要保持言语活动的特色,又要侧重练习所学的语法规则。因此,它有四点要求:表达语言的功能,或操练交际化,即传递一定的信息;情景化,即操练伴随着一定的情景或表达一定的情景;社会化,主要指操练不仅师生双向操练,还应尽可能在学生中进行,如可以利用 pair work, group work, role play 等形式;综合操练为主,单项操练为辅。为了识别语法形式或功能,单项练习是必需的,但单项练习只能作为引子,绝不能只靠单项操练去学语法,因为单项操练往往割裂了言语活动。

2. 结合话语教语法

语法教学服务于言语实践活动。言语实践活动要通过听、说、读、写来进行,言语活动的基本材料就是句型对话,因为规则附着于句型,句型练习需有情景才可能成为话语,才能有意义,才能尽量减少枯燥乏味的机械操练。在教室里创造完全真实的交际环境是不容易的,但可以利用模拟的情景,如可先用语言描述情景再进行练习,或利用图片展示情景,也可以利用教学里的情景,还可以制造信息差距。例如,可以把一个班分为三组,每组读一个不同的故事,然后交换情况。其他办法包括让学生扮演不同角色,按角色身份的要求讲话,给每个小组布置任务,由小组讨论如何完成任务等。

3. 由简到繁,逐步扩大和深化

这一原则主要是针对一些用法较多或结构复杂的语法项目而言,要求把难点分散开来,分几次进行学习,逐步扩大和加深该语法项目的教学。一些英语课本中有一些语法项目分(一)(二)(三),分别在几课中出现,这就是分次学习,逐步扩大的安排。由于语法是手段,而非目的,所以语法教学不要求系统性,更不能和盘托出,一次就将一个项目的所有用法都教给学生,即不能为了完整性和系统性而不顾学生的接受能力和实际需要。

(三)信息化教学在语法课堂中的应用策略

1. 归纳演绎法

所谓归纳法,即从具体到抽象、从个别到一般的顺序。在英语教学中,先熟悉材料,然后再对规则进行讲述,这样的过程就是归纳的过程,其优点在于能够将学生已有的知识、经验等进行充分利用,从旧知识到新知识,学生不断学习与巩固,从而便于他们运用知识展开实践。如果在归纳中采用启发法,还能够培养学生的发现与认知能力。

演绎法是与归纳法相反的方法,是一种从抽象到具体、从一般到个别的教学法。在英语教学中,先讲授具体的规则,然后举例进行说明与论证,最后再运用规则的过程就属于演绎的过程。这一方法的优点在于具有较强的系统性,并且条理非常清楚,教师容易教授,容易对课堂进行控制。但是,如果这一方法运用得不好,就会出现"满堂灌"的情况,学生只是被动地学习,很难发挥自身的学习积极性。

2. 符号标记法

众所周知,语句是按照一定的规则构建起来的。语句的结构有三个必要条件。第一,语句中的词语是线性排列的。第二,词语是有语法范畴分类的。第三,词语组合参与构成语句的结构成分。当下对句法的解释有两种途径:一个是借助标记括号,另一个则是由乔姆斯基及其同事推出的树形图。这两种途径通过理论界定,展示句法规律。括号标记首先指认词语类别,划分结构单位。常见的符号有如下几种:

S（Sentence，语句）

NP（Noun Phrase，名词短语）

N（Noun，名词）

VP（Verb Phrase，动词短语）

V（Verb，动词）

Infl（Inflection Phrase，屈折形式，包括助动词、情态动词等）

PP（Prepositional Phrase，介词短语）

Spec（Specifiers，限定语，包括限定名词的 Det-Determiner，冠词；限定动词的 Qual-Quanlifier，修饰词；限定形容词的 Deg-Degree word，程度词）

Compl（Complement，补足语）

AP（Adjective Phrase，形容词短语）

我们不妨尝试解释英语的句法结构。

Clinton　　　spoke　　　about　　　the　　　history.
（克林顿）　（谈论—过去时）　（关于）　（限定词）　（历史）

克林顿谈论历史。

该语句也可以采用树形图来表现，图4-1是该句的树形图解释。

括号标记的表现方式已经逐步被树形图取代，因为后者在视觉上更为清晰，尤其是在表现复杂语句结构的时候，树形图更具有简明、清晰的优势。可以从以下例句的解释方式看到这一点。但需要说明的是，括号标记与树形图在功能上并没有本质的区别。

The　　　man　　　in　　　the　　　garden
（限定词）　（人）　（在……里）　（限定词）　（花园）
will　　　water　　　the　　　flowers.
（将要）　（浇水）　（限定词）　（花）

花园里的那个人将要浇花。

同样的语句也可以采用树形图来表现，图表4-2是该句的树形图解释。

```
                    ┌─────┐
                    │  S  │
                    └─────┘
                   ↙       ↘
              ┌─────┐    ┌─────┐
              │ NP  │    │ VP  │
              └─────┘    └─────┘
                 ↓       ↙     ↘
              ┌─────┐ ┌───┐  ┌─────┐
              │  N  │ │ V │  │ PP  │
              └─────┘ └───┘  └─────┘
                              ↙    ↘
                          ┌─────┐ ┌─────┐
                          │ PP  │ │ NP  │
                          └─────┘ └─────┘
                                   ↙    ↘
                               ┌───┐  ┌───┐
                               │ D │  │ N │
                               └───┘  └───┘
                 ↓       ↓       ↓     ↓      ↓
             ┌───────┐┌──────┐┌──────┐┌─────┐┌───────┐
             │Clinton││spoke ││about ││ the ││history│
             └───────┘└──────┘└──────┘└─────┘└───────┘
```

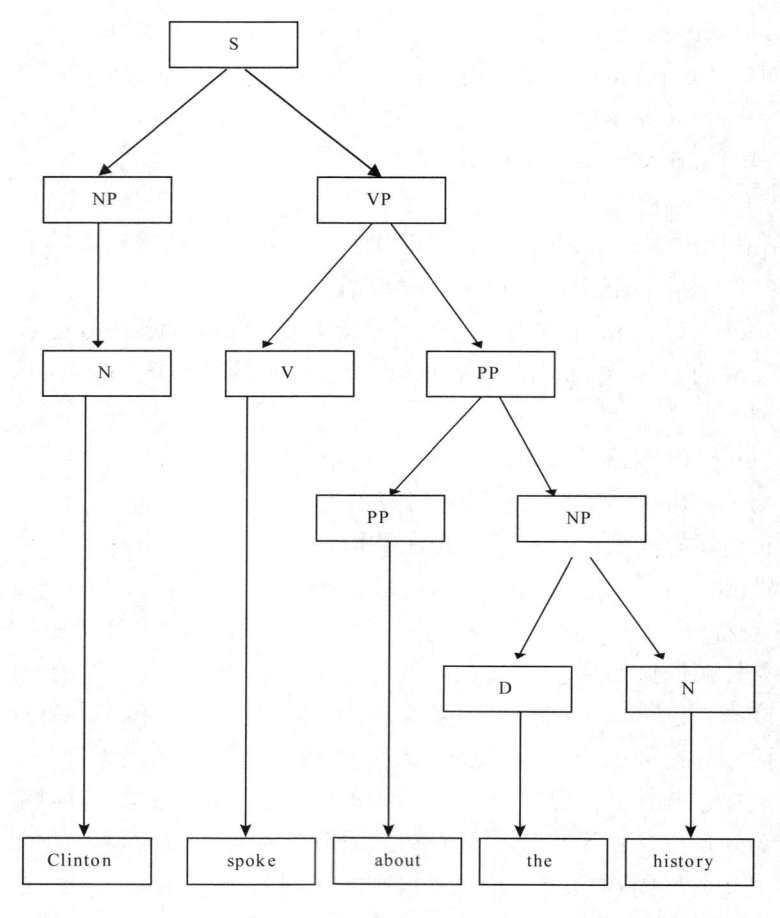

图 4-1 "Clinton spoke about the history."的树形图

　　首先，在 the man in the garden 这个主语短语中，名词 man 是核心词，它与定冠词 the 构成名词短语。另一个名词短语则是由冠词 the 和名词 garden 组合构成的，但是这个名词短语和介词 in 同属于介词短语之下的成分，也就是说，介词 in 和这个名词短语 the garden 构成了一个介词短语，这个介词短语恰恰是一个相对独立的成分。名词短语 the man 和介词短语 in the garden 则属于一个共同的名词短语，也就是说，名词短语 the man 和介词短语 in the garden 形成一个相对独立的成分，这个名词短语成分在语句的下位。

　　在谓语部分中，动词 water 和名词短语 the flowers 构成动词短语，形成一个相对独立的成分，这个动词短语是语句的下位。

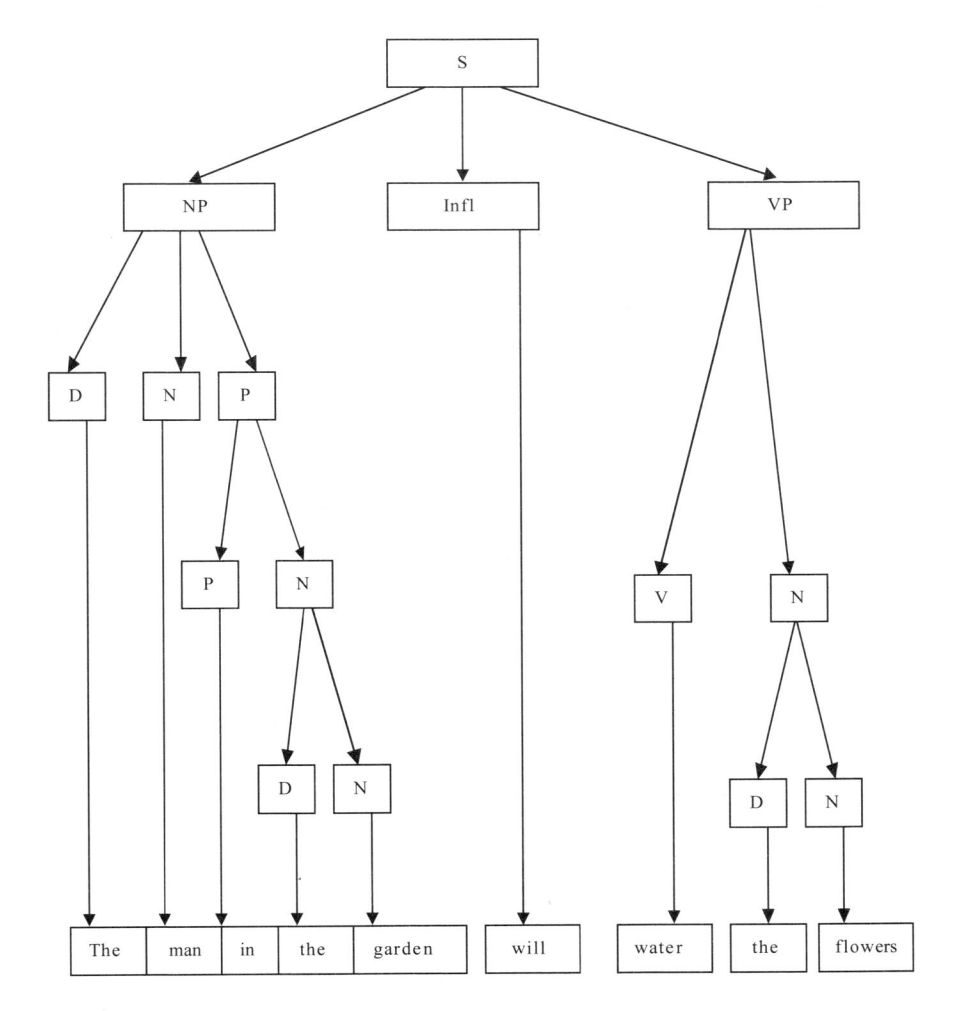

图 4-2 "The man in the garden will water the flowers." 的树形图

从图 4-2 可以看到,名词短语、助动词和动词短语在语句的直接下位,这三个相对独立成分参与构成一个独立的语言单位,即语句。

树形图可以非常清晰地标明词语之间以及短语之间的关系。这正是转换生成句法理论的基本方法,这一基本方法的基础是短语结构语法规则,这种规则通常写为线性公式。例如:

规则 1:S(语句)→ NP(名词短语)— Aux(助动词)— VP(动词短语)

规则 2:NP(名词短语)→ D(限定词)— N(名词)

规则 3：VP（动词短语）→ V（动词）—PP（介词短语）

规则 4：S（语句），NP（名词短语），VP（动词短语），PP（介词短语）等都是树形图中的结点，由树形图中的分支连接。

规则 5：词语是终结点，结构范畴标志则是非终结点。

任何一种语言的结构都可以采用这样的短语结构语法规则来分析句法成分之间的相互依赖关系。每一条规则都是一个基本的公式。比如，我们可以这样来理解公式规则：语句是由名词短语、助动词和动词短语这三个成分的序列构成的，或者说语句可以扩展为名词短语、助动词和动词短语这三个成分的序列，这三个成分是语句结点之下的直接成分。

可以用树形图来表示上述的三个短语结构语法规则。图 4-3、图 4-4、图 4-5 分别是规则 1、规则 2、规则 3 的树形图解释。

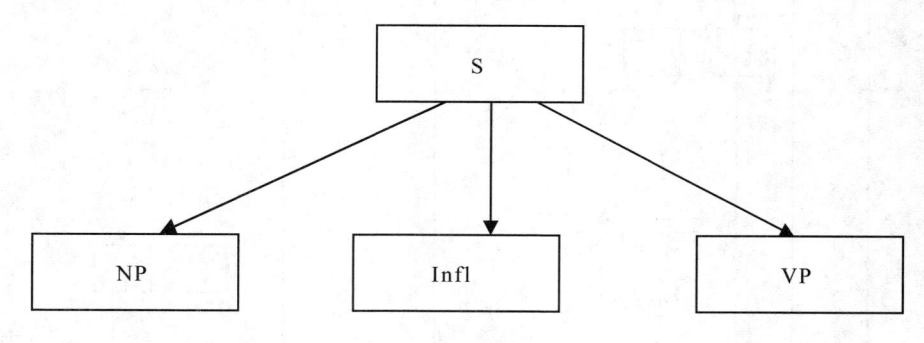

图 4-3 规则 1 的树形图解释

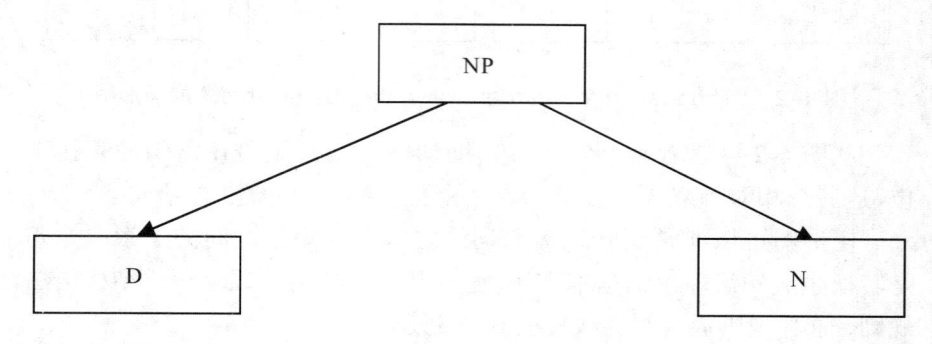

图 4-4 规则 2 的树形图解释

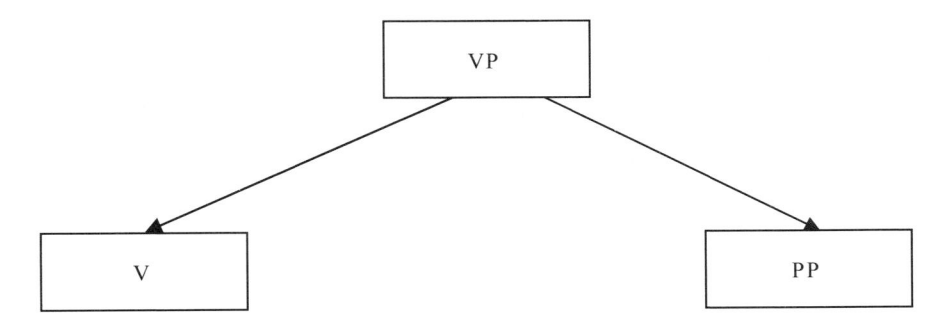

第四章 高校英语信息化教学方法应用

图 4-5 规则 3 的树形图解释

将这三个短语结构语法规则加以综合，我们便可以得到图 4-6。

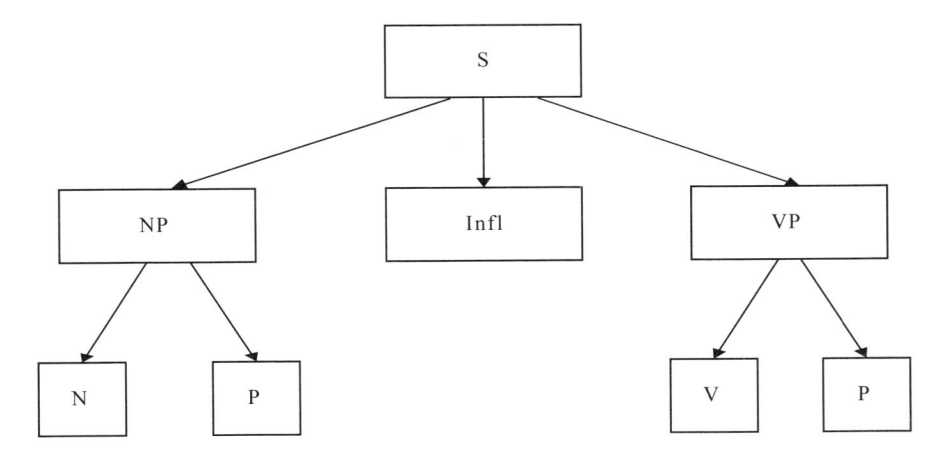

图 4-6 规则 1、2、3 的综合表现

这里，有一个问题需要引起我们的注意：在短语结构语法规则中，有些成分是必要的，而有些成分则是选择性的。选择性的成分，我们通常用括号标注。比如：

规则 6：S → NP—（Infl）—VP

规则 7：NP →（Det）—N

规则 8：VP → V—（NP）

事实上，当我们将世界语言作为观察和分析的对象时，或者说，当我们把短语结构语法规则看作解释世界语言的通则的时候，便需要考虑提供更多的规则。比如：

规则 9：NP →（D）—N—（PP）

规则 10：PP →（Deg）—P—NP
规则 11：AP →（Deg）—A—PP
规则 12：VP →（Qual）—V—（NP）
规则 13：NP → NP—（S）
规则 14：NP →（Det）—（A）—NP
规则 15：VP → VP—（S）

我们不妨以规则 9 到规则 12 为例，尝试用树形图来对其进行解释，分别表示为图 4-7 到图 4-10。

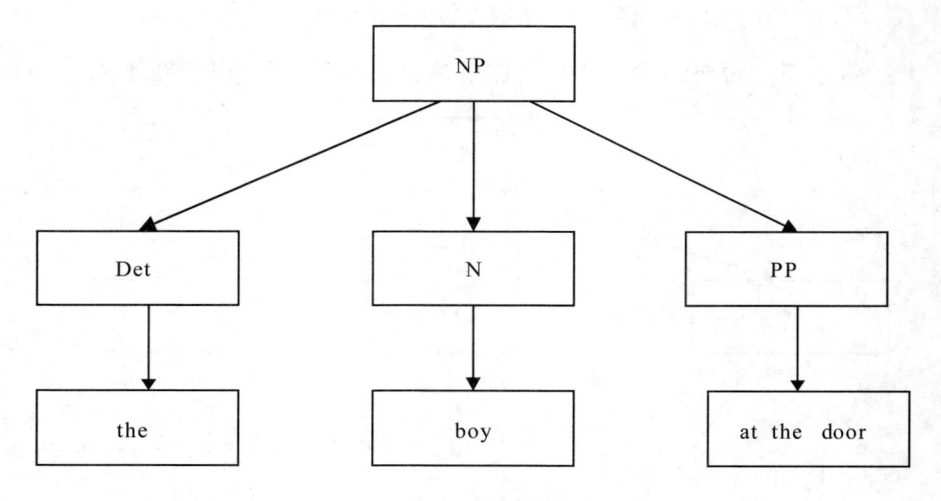

图 4-7　规则 9 的树形图解释

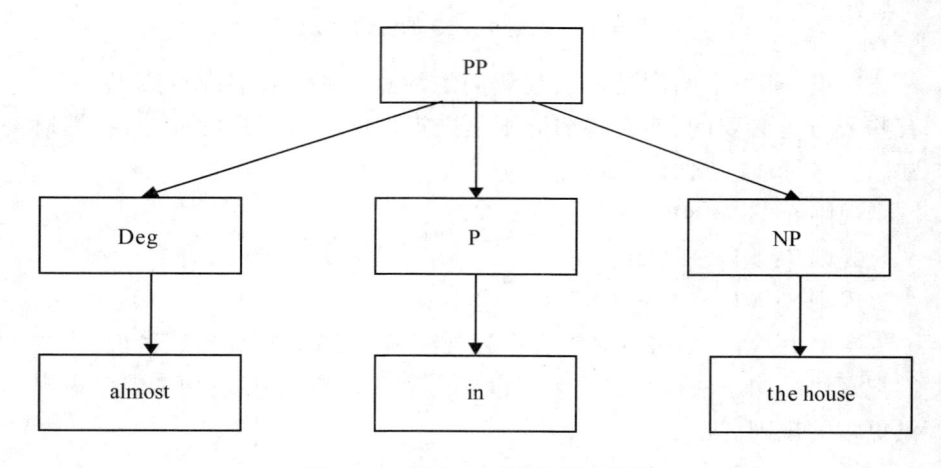

图 4-8　规则 10 的树形图解释

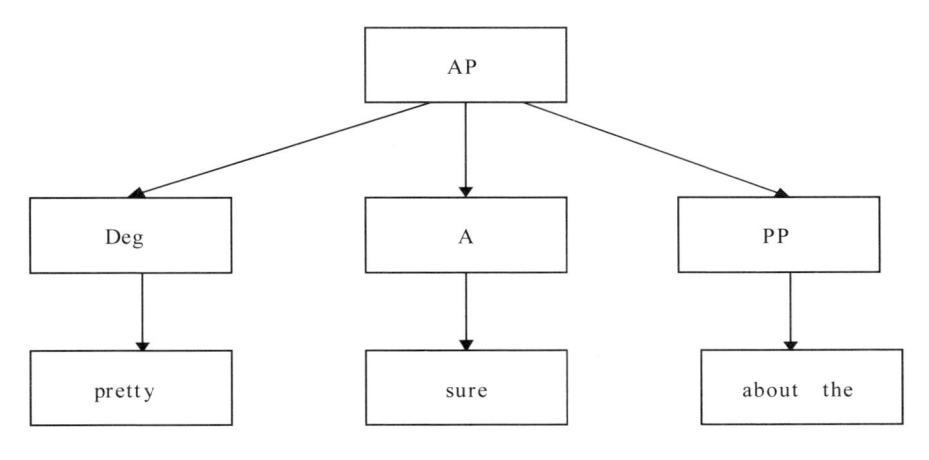

第四章 高校英语信息化教学方法应用

图 4-9 规则 11 的树形图解释

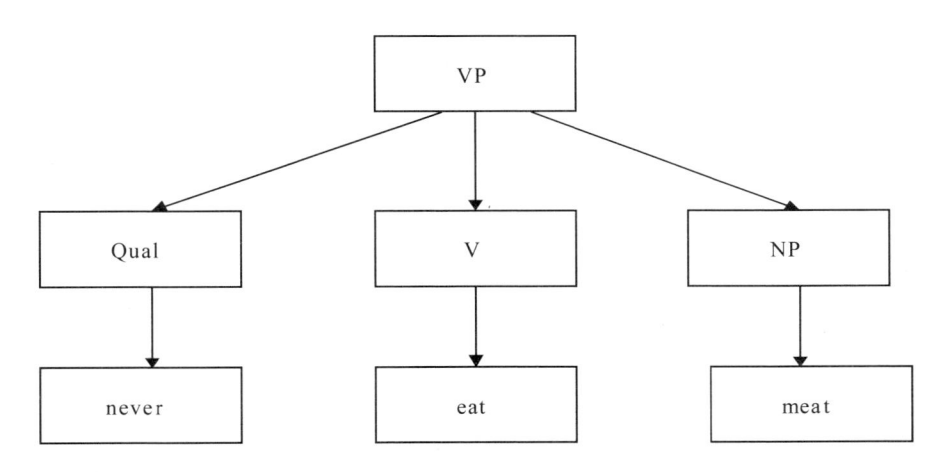

图 4-10 规则 12 的树形图解释

　　从包括名词短语、形容词短语、介词短语、动词短语等各类基本结构规则中，我们可以看到它们的共性特征，即限定成分（包括冠词、程度词和修饰词等）在左侧，补足成分（包括名词短语、介词短语等）在右侧，而中心词（包括名词、动词、介词、形容词等）则在中间。由此，可以推演出更具抽象意义和解释力的树形图。X 表示中心词，XP 表示中心词短语。图 4-11 是中心词抽象树形图解释。

```
                    ┌─────────┐
                    │   XP    │
                    └─────────┘
                   ↙     ↓     ↘
        ┌────────┐  ┌────────┐  ┌────────┐
        │  Spec  │  │   X    │  │ Compl  │
        └────────┘  └────────┘  └────────┘
```

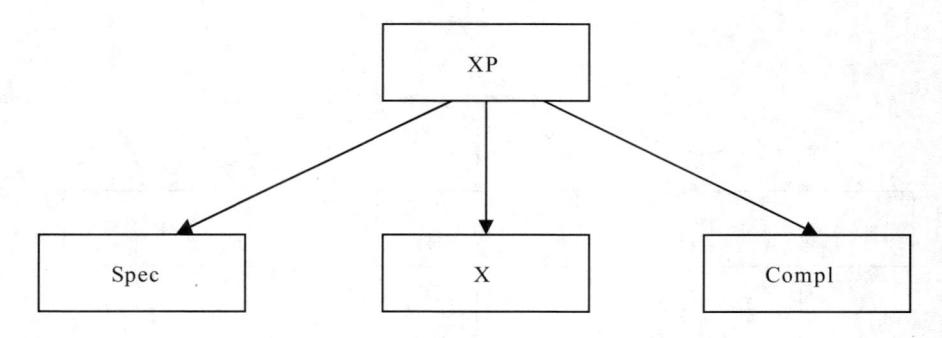

图 4-11 中心词抽象树形图解释

这个规则在当下的语言学界广泛运用。当然,这样的基本结构规则主要用于解释英语的句法。乔姆斯基认为,英语是一种人类的语言,它必然具有所有人类语言的共性。结构规则如果能够解释英语,就必然能够解释其他种类的语言。可是,当我们把视野扩大到遍及世界的各种语言时,就会发现我们必须对现有的短语结构的语法规则进行相当程度的扩展或修正。

3. 成分分析法

(1) 直接成分。在构成语法材料的句子中的词语之间的基本关系中,词组的可替换性是理解和分析语言中较长句子的基础。虽然我们常常在技术上使用"语符列"(string)来指称词语序列,但句子不只是一连串按可接受的次序排列的"有意义"的词。它们由连续的成分构成,这些成分包括邻接的和不邻接的词组和单个的词。这些词组和单个的词叫作"构成成分"(constituents),当它们被当作是句子的连续的、不可分解的一部分时,就叫作句子的"直接成分"(immediate constituents)。直接成分分析是句法的基础,也是本族人创造和理解较长句子的手段之一。一种语言中的每一个较长句子(长句占多数)的构成方式与那些相对数量较少的不能再分解的短句的构成方式是相同的,这类短句叫作基本句型(basic sentence types)。长句的构成方式以及反过来分解成短的基本句型的方法可以叫作扩展(expansions)。语言的这一特性可以帮助解释有关语言的最重要的、乍一看令人惊异的语言事实之一,即人们可以马上理解他在本族语中从未听过或读过的句子,只要句中的词已经是熟悉的或通过上下文句子中其他部分可以理解的。这种能力包含着对句子结构的基本模式以及把这些模式加以扩展的固定方法的掌握。

按照这种分析规划,我们可以拿"John spoke, run!""do you see?""Where is it?"为例来进行基本句子结构的分析,几乎所有的英语长句都可以这样进行结构分析。在 Johns saw, Mary, John was admired 和 does Jennifer like cheese 中, saw Mary, was admired 和 like cheese(按词类成分来说,三者都包含动词和名词)都出现在单个动词能够出现的位置上(John spoke, does Jennifer cook?)。构成成分可以是不连贯的,在 tomorrow we leave 中, tomorrow...leave 替代了单个动词,如像 we leave 这样的句子中的 leave, go 等。

在许多英语句子中,较长的成分倾向于具有呈连续序列的组成词语,虽然我们刚刚看到不连续的序列属于单个成分的例子,但在有些语言中,特别是形态使相关句法联结更清楚的语言中,这些不连续的成分要常见得多。

为一种语言的大量句子所共有的句型可以叫作这种语言的常用句型。基本的句法结构是任何一个常用句型的最简形式,可以在各种结构位置上通过一系列的扩展形成无数长句。然而在任何语言中都可以找到与基本句法结构不符或不能缩减成基本句法结构的句子。一些这样的句子在话语中可以是使用频率较高的,但是作为句型,它们几乎不能扩展结构或形成长的句子。这种句子可称作非常用句型或少数句型。它们可分为两个大类。

①那些句法上不被划为长句,与前面的句子没有关系,但又可以引起讲话或对话的句子。这些句子常常是感叹句,如"John! hello! bother! drat! gracious!"有些句子可以朝某个方向扩展,如"poor old John! hello there! drat that noise! good gracious me!"其他的则是格言式的,如 the more the merrier, easy come easy go。后一类句子大多数情况下在词汇上是受限制的,通常情况下特定的词项内容很少或几乎不允许有变化,因而几乎是非能产的。

②那些可划归为包含相同的词或词的序列的长句的句子。这些句子通常不在话语的开头位置,是对前面一句话语的反应,尤其是对问题的回答:"Where do you live?""In Ashford.""What's that stuff? Porridge."。但也不必都是对前面话语的回答。例如,"here! Hands up! All right!"等句子,在适当的语境中,不考虑前面的话语就可以被说(或写)和理解。

第二类句子区别于第一类句子之处就在于,第二类句子的每个词或词的序列在该语境中都可以用一个更长、更明确的、可起到同样作用的句子(是常用句型)所替换,这第二类句子可以是长句的一部分:"We live in Ash ford, that stuff is porridge, the score is fifteen all, these cost (or the price is) twenty pence a pound, that was jolly well done."对不明白第二类非常用句子的孩子或外国人,要想让他们清楚意思,一种很自然的方法就是使用较长的、更明确的句子。正因为这个原因,这类短句通常被称作"非完整句"或"省略句",并用其他"可理解"因素来做语法解释。像这类句子虽然可以被归为具有基本句法结构的句子,但就它们的状况来看,不能代表基本句法结构。属于第一类的非常用句不可以这样被归入它们可以合并进去的长句。它们的意义必须直接参考语境来解释,或间接地通过释义来解释。

(2)向心和离心。词黏合成两大类主要的词组或结构:向心结构和离心结构。区分这两类词的标准是看有关词组能否在句法上等于或接近它的一个或多个组成成分词或小一级的组成成分,如等于或接近就是向心结构,如不相等或不接近就是离心结构。

语言的离心结构在数量上比向心结构少,大多数句子中离心结构的数量比较少。然而不可缩减的基本句型如果多于一个词,就必定是离心的,否则它们就不是不可缩减的。前面已经举过的英语例子,除了本身是基本句子结构以外,多数的构成成分是向心的。其他典型的英语离心结构有:后跟名词或名词词组的介词结构,如 towards London, from the country 等;后接从句组的连词词组,如 if we had the money, because it is no good 等。这些词组或从句组所起的作用与单个副词相同,但与其组成成分的任何词或词组不同,因而不能用其中的任何构成成分代替。

由单个动词或其扩展形式构成且等于离心的常用句型的英语句子确实存在。例如,"What did he do all day? Walked." "Where have you been? Climbing over Scafell."由单个动词构成的祈使句如"run!"等是不可缩减的、自足型的基本句型,从语法上看是不同的,它们使用了动词变化表中的不同形式,具有不同的扩展可能性。向心词组,可以根据它们在句法上只跟一个词或其中的较小的成分组相似还是跟多于一个的词或其中的较小的成分组相似,分为从属的或并列的。例如,men and women(名词+连词+名词)是并列关系,因为它可以被 men 或

women 代替,因而 men 和 women 是对等的;但 clever boys(形容词+名词)是从属关系的,因为它可以被 boys 代替,但在所有句法关系上都不能由 clever 代替。

在从属关系的结构中具有整个结构的句法功能的词或词组叫作中心成分,其余的构成成分叫作从属成分。

4.翻转课堂教学法

翻转课堂也是随着信息技术的发展而产生的一种新型教学模式,将该教学模式运用于高校英语语法教学,可有效调动学生学习语法的兴趣,促进学生的自主学习,提升他们的独立思考能力,进而培养学生的语法能力。翻转课堂这种教学模式不再以教师为中心,而是以学生为中心,教师只是起到辅助作用,学生是教学环节的重点,师生之间处于互动的状态。翻转课堂语法教学模式流程如下:

(1)拓宽师生互动渠道,确保语法教学效果。制作视频微课是翻转课堂语法教学的前提,后期的检查、实施和监督是更加重要的部分,因此师生之间应保持多维互动。首先,教师要指导学生观看微课视频,并对学生的学习内容和时间进行计划,把握学生学习的进度;其次,教师要利用社交软件建立 QQ 群和微信群等,加强与学生线上线下的互动,对学生在自主学习中遇到的问题进行解答,促进师生和生生之间的讨论,实现英语语法知识的消化和吸收。

(2)开展差异化教学辅导,促进学生自主学习。在翻转课堂教学模式下,教师要更新教学理念,改变传统的教学模式,主动融入和参与学生学习的各个环节,成为学生学习的指导者和监督者。由于不同学生之间存在差异,有着不同的基础水平和认知结构,因此教师需要采用不同的方式来对不同层次的学生加以辅导,特别是对那些自律性不强的学生,更要采取有针对性的方式来加以辅导,促进他们进行自主学习。

第二节　信息化教学在听力、口语课堂中的应用

一、听说相关内容解析

（一）听力

随着听力的作用逐渐凸显，很多应用语言学家提出听力是语言学习的重要手段，并且开始了对听力的研究。

听力理解就是利用大脑中的已有知识，对听力材料进行正确的理解，是一个从语音信号识别到语义构建的极复杂过程。

在听、说、读、写这四项技能中，听往往被认为是一项接受性的技能，但是并不能说听就是一个被动的过程，而是应该认为听是一项非常主动的活动，是一个积极的处理信息的过程。根据心理语言学的研究，听的过程与人的记忆力关系非常密切。人的记忆力（图4-12）划分为三种，即感知记忆、短时记忆和长时记忆，三者所承担的任务不同，构成一个完整的对信息加以处理的系统。

感觉器官 → 感知记忆 → 短时记忆 → 长时记忆

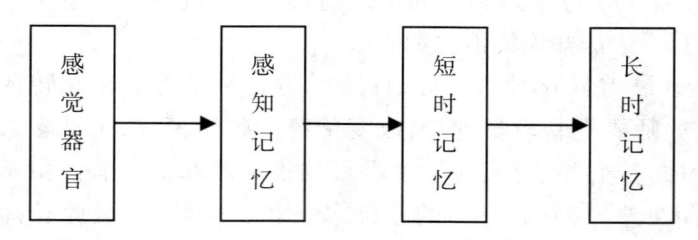

图4-12　记忆的过程[①]

外部的信息经过人类的感官，会保持一个较短的时间，这就是感知记忆，是瞬时的，指的是外部刺激以一个非常短的时间呈现之后，一些信息会通过感觉器官输入并登记在头脑中，形成瞬时的记忆。显然，这是信息加工的第一阶段。

短时记忆指的是信息呈现之后，保持一秒钟时间的记忆。其与感

[①] 崔刚，罗立胜：《英语教学理论与实践》，对外经济贸易大学出版社，2006，第197页。

知记忆不同,感知记忆中的信息并未进行加工,是一种不被意识到的记忆,而短时记忆是经过加工的,是一种活动的记忆。人们短时间记住某件事,是为了加工这件事情,但是加工之后很容易会遗忘。如果需要对这件事进行长期保持,就需要对其进行加工编码,然后存储到长时记忆中。短时记忆中的信息有些是来自感知记忆的,有些是来自长时记忆的。因为人们需要某些知识的时候,往往会从长时记忆中进行提取,这样提取的信息就成了短时记忆,便于人们运用。

长时记忆指的是学习的材料经过复述或者复习之后,在头脑中进行长久存储的一种记忆。可以说,长时记忆是一个信息库,其中的容量是无限的,可以将一个人的对于世界的一切认识存储起来,并为他的活动提供基础和依据。信息从短时记忆向长时记忆转化,需要对信息进行加工。所谓加工,即对材料进行整合,将新的材料纳入自身的知识系统中,当然这需要对信息进行组织编码。

根据三种记忆的阶段,听的心理机制可以归纳为三点:

在第一阶段,声音通过人的感觉器官进行感觉记忆,并根据自身已有的知识,将这些信息转向有意义的单位。在感知记忆中,信息存储的时间非常短,听者需要把握时间对这些信息加以整理。人们在听母语的时候,这种感知记忆是非常容易实现的,但是如果听的是外语,那么就会出现一系列问题,甚至很多时候人们还没处理完信息,新的信息又进入了,导致自身没听懂。

在第二阶段,信息处理在短时记忆中实现,当然这一过程也是非常短暂的。在短时记忆阶段,听者将听到的信息与自身在长时记忆中的存储信息进行对比,将记忆中的信息展开重组,从而构筑新的命题。听者需要对语流加以切分,当然切分的目的在于获取意义,当获取了意义之后,听者就会忘却具体的词汇、语句。显然,在这一阶段,处理的速度是非常关键的。已有的信息必须在新的信息进入之前就处理完成,当然这很容易使学习者的脑容量超载,甚至很多时候无法从信息中获取意义。但是随着学习者听力水平的增加,他们具备了一定的知识储备,相应地,对信息的处理在时间上也会缩短,从而能够留出多余的时间处理那些较困难的信息。

在第三阶段,听者会将所获取的意义转向长时记忆中进行存储,并与自身的信息紧密联系起来,从而对命题的意义进行确立。如果新输入的信息与自身的已知信息能够匹配,那么就说明这些新信息容易理解。

在这一阶段,形成的命题与长时记忆中的固有信息紧密联系的时候,大脑往往会通过积极思维展开分析与归纳,从而使这些信息连贯起来,构筑新的意义,最后储存在自身的长时记忆中。

(二)口语

1. 口语概述

口语是最直接、最方便、最经济的,也是最重要的交际工具。早在人类社会发展的初级阶段,人们就已经对口语形成了初步的认识。随着人类驾驭语言能力的不断提升以及社会发展的迫切需要,人们对口语的认识更加系统化,对口语技能教学理论的研究也进一步深入。

早在古埃及时期,口语艺术就已经和劝说他人的能力以及借助修辞手段影响他人的能力紧密地联系在了一起。在古希腊,口语方式的系统的辩论方法可以追溯到公元前 5 世纪,并且在公元前 460 年左右达到它发展的顶峰——"诡辩"。相比单纯的以学习口语技巧为目的而言,人们更大的言语学习动机是向往更高的受教育程度和满足法庭辩论的需要。

除了在法律和辩论方面所起的作用,口语艺术在古希腊的政治生活中也占据着举足轻重的地位。古希腊演说家及政治家狄摩西尼斯将强有力的言语形式带入到公众的政治生活中,他的名字也几乎和"修辞"是同义词,以至于整个文艺复兴也受到他的影响。这一时期流传下来的关于口语艺术的最著名的作品要数亚里士多德的《修辞学》(*Rhetoric*)。在此书中,口语技巧的传授被分解为三个层面的问题,即说话者、听者和言语。此书的成功之处在于综合处理了理论和实际运用的关系,在一定程度上将内容与形式合二为一。早期希腊讲授口语技巧的教师将一些至今仍影响西方辩论模式的关键性理念引入其中,如将概率的概念作为说服他人的工具,使言语的体系性更强,并利用情感因素说服听众。

随着古罗马文明的兴起和诸如西塞罗、昆提利安等著名学者的出现,希腊的修辞理论长期地在法律和政治领域得到了广泛的运用。而该时期人们对于口语技能教学的一些早期认识时至今日仍被认为是正确的。虽然人们对于言语的认识自古有之,然而口语技能教学真正形成理论是在 18 世纪之后。

第四章 高校英语信息化教学方法应用

在18世纪,关于言语的研究主要在于如何对语法进行正确的使用。即便如此,优雅的语言逐渐成为人们对语言进行准确使用的目标。在这一时期,出现了语法翻译法,并在18世纪末期盛行,这是用母语来讲述外语的一种方法,在外语教学中,这一方法有着极大的影响力,并在很长的一段时间存在。

19世纪,随着语言教学的推进,口语理论也发生了巨大改变,这一改变尤其体现在欧洲使用的语法翻译理论被19世纪80年代的改革运动取代。改革运动的精髓主要包含如下两个层面:

(1)口语占据第一位,口语技能教学法在课堂上绝对优先。

(2)把围绕主题的相联系的语篇作为教学的核心。

在这一时期,出现了自然法、谈话法、直接法、交际法等听说领域的教学方法。

到了20世纪50年代,情境教学法在法国兴起,并先后流传于英国、南斯拉夫等国家。随着录音技术的进步以及彩色出版物的出现,以言语作为媒介推进语言学习成为焦点。虽然口语被运用到自然的教学中,但实际形式并不是展开自然的交流,因为要练习语法结构,必然对口语交流进行限制,因此,20世纪上半期的口语技能教学理论实际上是自相矛盾的。

在20世纪70年代,外语教学越来越多地受到了认知理论和社会语言学理论的影响。很多语言学家也逐渐认识到,听说法将语言交际的两个层面忽略了,即过分重视语言的结构形式,却忽视语言的内容与意义。并且,听说法比较具有机械性,使得句型操练脱离了具体的语境,很难培养和提升学生的交际能力。交际法认为英语教学不应该如同语法翻译法那样对于语法过分强调,也不能像听说法那样对于结构过分强调,而应该从语言的表意功能出发,这样做可以将以学生为中心体现出来,基于学生的实际情况对教学内容加以选择,对教学目标进行合理的确定。

近些年,一些学者又提出了任务型口语技能教学的理论,这一模式是基于二语习得理念建构起来的,也吸收了交际法的精髓。任务型口语技能教学将交际意义视作中心,主要为了学生的交际能力服务。但是,由于其过分强调交际,这会让学生过分依赖交际策略,甚至也会将注意力转移到交际上,因此会一定程度上丧失对整体性的理解。

2. 口语技能

在英语活动中,关于口语,可以理解为两点:

(1)口语技能。所谓口语技能,指的是口语具体表达的状态,是在掌握语言知识到形成口语能力这一过程中的一个必备环节。口语技能对于口语能力的发展有着非常重要的作用。一般来说,英语口语技能大致包含如下几点:

第一,语音语调要保证正确。

第二,词汇的运用要保证贴切。

第三,语句的基本结构要与表达习惯相符。

第四,发话人的言语反应要敏捷。

第五,语言表达应该简明。

(2)口语能力。口语能力是对口语技能的一种潜在的调节。口语能力的好坏直接决定着口语技能的好坏。

口语技能即发话人通过听力、口语,与他人展开交际的一种能力,是语言能力的一种外化的表现。口语技能要求学生对所学的语言知识、语言材料进行综合运用与创造。要想提高口语技能,就必然需要口语实践,这也是最根本的途径,但是口语技能的提高并不是一蹴而就的,而是一个漫长的过程。学生需要不断练习、不断说,才能不断提升自身的口语技能。当然,在这一过程中,学生也会逐渐形成自己的英语思维。

二、听说能力训练的原则

根据语言教学的原则,听说能力是在实践中培养起来的。因此,教师应该遵循如下原则:

(一)认识听说的重要性

训练听说能力要充分认识到听说在外语教学中的重要性,并在教学实践中体现出来。同时,要引导学生从思想上重视听说交际能力的培养,自觉而认真地投入听说训练。

(二)创设交际情境

训练听说能力要创造符合学生语言水平的真实交际情境和轻松愉

快的课堂气氛。教师在课堂上要尽量讲英语,用英语组织教学,包括多讲英语课堂用语,用英语讲解单词、句型、课文和语法,用英语组织课堂活动等。在听说训练中,教师要热情鼓励学生大胆开口讲英语,多肯定学生的进步,对口语中的错误不必过多地纠正,使学生打破"聋哑"窘境,从自己的进步中得到鼓舞,积极地投入听说实践,随着语言知识的增加和听说能力的加强,逐步提高说的水平,使之有内容、有见解、有深度。

(三)扩大输入

配合听说训练,解决输入(input)问题。通过课本和选编的材料,让学生接触大量而丰富的语言交际材料,增加感性认识。听力材料可以由浅入深,一方面,让学生多听课文录音磁带,模仿学习标准的语音语调;另一方面,还要补充英美人士情境对话录音等磁带,让学生接受地道的英语,习惯于口语中嗓音的干扰和非标准语法。此外,有条件的地方,还可选择程度相当的电台、电视英语节目等内容配合进行听说训练。

(四)设计听说实践

根据教学内容,教师应配合以学生为主体的教学方法,设计形式多样的听说实践活动,不要长期使用同一种训练方法。如果同一种训练方法使用的时间过长,学生会出现厌烦情绪。因为兴趣是决定学生投入的一个主要因素。进行听说训练,大致可以分为三个步骤:听说前的准备活动,指激发学生兴趣的、引入听说内容的教学活动;听说实践,指听力、会话新材料实践;听说后的巩固练习活动,指多样化的检查性练习活动。还应注意与读写能力训练相结合,在训练时可适当采用听、读结合,视、听、说结合,听、写结合。教师在训练时是组织者和指挥者,要让学生担任主角,使他们从消极的知识接受者变为积极的实践参加者,主动而积极地培养听说交际能力。

(五)融入文化背景

语言与文化关系密切,很多词汇、句子等都包含着丰富的文化信息,如果对语言背后的文化不了解,就很难明白某个词、某个句子的意义,也很难运用该词、该句展开恰当的交流。

可以说,很多听说材料都包含文化背景知识,学生如果不了解,即便

听懂了某个词、某个句子，但是很难理解其内涵，进而很难分析准确整个语篇的意义。因此，听说能力训练中，教师需要引导学生了解英美文化，提升他们对不同文化的敏感度。

三、信息化教学在听说课堂中的应用策略

（一）利用课文进行听说训练

（1）教新课文之前，先让学生合上书本，听两遍课文录音，或听教师朗读课文。

（2）讲课文时，教师一边口述课文，一边提出生词，利用图片、幻灯或做动作向学生示意，帮助学生达到初步理解。

（3）就课文内容进行问答，形式有以下几种：就课文中生词或词组提问；就课文逐句提问；就课文几句话或一段话提问；要求学生归纳段意和中心思想；就课文中情节、人物或主题句提出议论性问题。

（4）用课文中的词和词组口头造句，或联成一段话。

（5）利用图片、幻灯片等，用自己的话描述课文中人物、事件或复述课文。

（6）用课文中的词、词组和句子叙述自己的生活。

（7）仿照课文做口头作文。

（二）文化导入法

1. 通过词汇导入

在英语听说教学中，教师应该通过词汇将文化知识导入，这不仅能够提升学生的文化素养，还能提升学生的词汇量，为他们的听说做准备。例如，"狗"这一动物在中国文化中多是贬义的，如"狗拿耗子——多管闲事"就是这样的意思。但是，在西方文化中，dog是人们的朋友。因此，在听说技能训练时，教师应该不断扩大学生的词汇量，丰富他们的词汇知识，从而不断提升学生的听力能力。

2. 通过网络导入

随着现代技术的不断进步，网络在人们的生活中越来越频繁，当然学生的很多知识也可能从网络中获得，网络为师生提供了丰富的资源。

在信息化时代,教师可以运用网络资源,为学生推荐一些文化知识,让学生不断扩充自身的知识量。

(三)翻转课堂教学法

将翻转课堂教学运用于高校英语听说技能教学中,主要可以从如下几点入手:

1. 课前任务

对于教师来说,教师要进行备课,为学生制作导学案,对本次课的教学目标、内容等有明确的认识,然后让教师专门录制视频。对于学生来说,学生要提前登录平台,对导学案、视频等进行浏览与观看,对自己的学习进度进行调控,当然遇到问题的时候可以随时暂停,进行分析或者记录,最后点击课前练习,可录制音频。另外,学生与教师或者其他学生可以在线交流,并将自主练习的音频传到平台上,供其他同学品鉴。

2. 探究解决办法

教师组织学生以小组的形式展开探究,学生可以根据自己课前的自学情况,各自交流心得与看法。在这一过程中,教师要时刻注意各组学生的学习情况,保证每一名学生都能够参与其中,并且可以适当进行指导,或者个别组有问题,可以为他们答疑解惑。教师组织学生根据课前练习的话题展开多种形式的课堂活动,可以是演讲,可以是问答,或者可以是复述、看图说话、分组讨论等。这些形式可以让学生积极参与其中,保持参与的欲望。在课堂上,教师应该设置有差别的巩固性练习,学生可以对题目进行自主选择,如果学生的基础差,他们可以选择基础型的练习题,如果学生的水平比较高,他们可以选择拓展型的练习。

3. 评价与反馈

当一个小组完成展示,学生需要进行自评,然后由教师给出评价。教师应该从学生各个方面的表现出发,对学生的学习情况进行客观的分析,提出专业的意见。当然,评价并不是仅仅发生在某一个环节之后,而是应该贯穿其中。

第三节　信息化教学在阅读、写作、翻译课堂中的应用

一、信息化教学在阅读课堂中的应用

（一）阅读相关内容解析

在学生学习英语时，阅读是必须要掌握的一项技能，也是对学生英语水平进行衡量的一项重要指标。通过阅读，学生可以获得丰富的信息，拥有丰富的体验，感受语言带给自己的文化魅力。但是，阅读并不仅仅是简单地接收信息的过程，还是一种复杂的交际与思维活动，其不仅受到语言能力的影响，还会受文化因素的影响。因此，在阅读技能教学中，只有重视对文化内容的教授，并将跨文化内容融入英语阅读实践中，才能真正地提升学生的阅读理解与应用能力。

阅读要遵循一些基本的模式，具体有如下几种：

1. 自下而上模式

自下而上模式起源于19世纪中期，是一种较为传统的阅读模式。所谓自下而上，即从低级的单位向高级的单位加工的过程，低级的单位即基本的字母单位，高级的单位如词、句、语义等，从对文字符号的书写转向对意义的理解的过程。

也就是说，自下而上的阅读模式是从对字母的理解转向对文本意义的理解。显然，这一过程是有层次、有组织的。因此，读者要想对语篇有所理解，就必须从基本的字母入手，理解某个词的意思，进而理解句子、语篇的意义。

2. 自上而下模式

自上而下的模式与自下而上的模式正好是相反的，其产生于20世纪60年代，是读者基于自己的知识结构，通过预测、检验等手段对阅读材料进行加工理解的过程。自上而下的阅读模式是以读者为中心，侧重于读者自身的背景知识、自身的兴趣对阅读产生的影响。

著名学者古德曼（Goodman）指出，阅读可以被视作一种猜字游戏，读者运用自身固有的知识结构，减少对字母等的约束和依赖。在阅读中，读者需要对语篇结构进行预测，并从自身的知识掌握程度出发理解语篇。

3. 交互作用模式

交互作用模式起源于20世纪80年代，这一模式即运用各个层面的信息来建构文本。但是，交互作用模式是一种双向的模式。交互作用模式是将上述两种模式融为一体，涉及两个层面的内容：

第一，读者与语篇之间的相互作用。

第二，较高层次技能与较低层次技能之间的相互作用。

就文本理解而言，自上而下的模式相对来说比较重要；对词汇、语法结构而言，自下而上的模式相对来说比较重要。如果将两种模式的精华提取出来并加以综合，就成了交互作用模式，其便于对语篇的整体理解。可见，这一模式是最为实用的模式。

（二）阅读能力训练的原则

阅读的重要性一经确定，如何有效地指导阅读，进行阅读训练就成为关键的问题。目前，许多英语教学中，对阅读的目的理解含混，教学方法单一，以慢读、精读为主，并且只注意语言形式，忽视对语篇意义的综合理解和语言运用能力的培养，造成学生对阅读不感兴趣，阅读效果也不够理想。到毕业时，连最简单的英语读物也看不懂的现象普遍存在。这一状况必须尽快加以改变。根据阅读心理学理论，阅读的教学原则有如下几点：

1. 根据不同的阅读目的运用不同的教学方法

阅读按其读时发音与否分为朗读和默读，又按其读的方法和要求分为精读和泛读。朗读作为一项能力，在交际中实用意义不大，但却是必要的教学手段，在教学初级阶段应培养学生正确的语音、语调和朗读技巧。在现实生活中，默读是获取信息的主要手段，它主要体现在泛读和快速阅读的教学中，应重点训练，提高学生的阅读速度和阅读理解能力。精读课应加强对语篇意义和语言知识的准确理解，培养学生的分析能力和欣赏能力。泛读课应注意阅读的广度和流利程度，培养学生的综

合能力。在英语教学中,要根据学生的阶段需要,设定主要阅读目的,适当配合其他阅读方式,采取不同的教学方法,培养学生的阅读技能。

2. 配合不同目的的阅读训练,选用适当的阅读材料

使用恰当的"输入"材料,是提高阅读能力的有效步骤之一。在进行阅读教学之前,教师要分析学生的现有语言知识水平和阶段教学重点,根据学生的需求,选择适当的阅读材料,力求生词量、难度相当,真实性、趣味性和交际性强,既能吸引学生的注意力,又能帮助他们积极思维,提高阅读能力。在备课时,教师可充分利用课本,开展按照不同的阅读目的处理课文的教学,在泛读和速读教学时,配以题材、体裁形式多样的补充阅读材料,以进行阅读技巧训练。

3. 精读与泛读相结合

英国哲学家培根在《论读书》中指出:有些书浅尝即可,另一些书要囫囵吞下,少数则必需细嚼和消化。这正说明了精读与泛读的区别。精读是为了达到对文章的充分理解而进行的认真而仔细的阅读。阅读时按照文章顺序,对语音、词汇、句法、中心思想和写作技巧等方面进行详细分析,从而达到准确的理解。精读是获取英语知识的重要手段,归于细嚼和消化之类。泛读指在短时间内快速阅读大量文章,不需要分析词句,只需找出所需信息,抓住文章的中心思想和大意即可。泛读是增加词汇量、巩固英语知识、扩大知识面、提高阅读速度、培养阅读理解能力的有效方法。精读和泛读是英语阅读教学中两大重要组成部分,应该受到同样的重视,在教学中做到精读与泛读相结合,不能只重精读而轻泛读。同时,还要采用以学生为主体的教学方法来改进教学,让学生在阅读实践中提高阅读能力。

4. 理解文化语境

文化语境知识即所谓的背景知识,是读者在理解某一语篇的过程中所具备的价值观、态度等知识。在英语能力训练中,对文化语境知识的掌握非常重要,尤其是母语为汉语的学生,他们阅读本族语的书籍会容易一些,但是如果阅读的是外语书籍,往往因为不懂得文化背景知识,导致理解偏差。因此,教师在阅读技能训练中,应该向学生传授一些文化背景知识,这样才能实现语篇与背景的吻合,也让他们更容易了解语篇。

具体来说,教师在备课之前,应该首先准备好教材,弄清楚在英语阅读技能教学中出现的一些文化空白情况,精心选择阅读材料,或者给予学生一些线索,让学生通过一些自己的方法获取其中的文化知识。当然,教师的课堂教学时间非常有限,学生不能将所有不熟悉的文化知识进行了解,这时就需要教师起到辅助的作用。教师需要明确学生遇到的问题,然后帮助学生对所学的知识和材料加以理顺。

(三)信息化教学在阅读课堂中的应用策略

1. 激活学生的背景知识,增强阅读信心

背景知识在阅读中所起的作用是毋庸置疑的。一篇科普文章,对于熟悉这方面知识的理科学生来说,稍为浏览一下文章,无须细读,就可以做题目了,而且理解的准确率较高。相反,缺乏必要的背景知识,要理解用文字表达出来的内容可能就更加费劲。背景知识可以分为两种:第一种是一般常识,即一般学生都具有的世界知识。在阅读的过程中随时都有可能利用了这些知识。第二种背景知识是指我们对具体的一些事物或事情的熟悉程度。有些内容对学生来说是很了解的,而总有些事情是学生不太了解或根本不了解的。如果阅读的内容是学生并不熟悉或根本不了解的事物,要求学生读懂就更加困难了。

随着计算机的普及和广泛使用,学生获取背景知识的途径越来越多。他们头脑中实际上已储存了大量的背景知识。教师在教学中要善于去激活他们已有的背景知识。关于这一点有三点建议:第一,在课堂教学中可通过阅读前的提问、讨论、预测等方式,激活他们的背景知识。第二,如果学生对所阅读的内容不太熟悉,教师可以印发一些简单的材料,或发动学生以小组为单位上网搜索必要的背景知识。第三,要引导学生把注意力集中到对阅读材料内容的理解而不是集中在支离破碎的词汇和语言结构上,这是因为任何时候阅读材料的内容可能会成为他们今后阅读其他材料时所需要的背景知识。

2. 传授阅读技巧与学习语言相结合

目前英语阅读教学中存在着这样的误区:第一,很多阅读教学活动的目的是检测学生阅读理解的结果,而不是帮助学生去理解。其结果是即使设计得再合理,这样的阅读教学活动充其量只能说明学生是否理解

了阅读材料的某些内容(而非全部内容)。学生即使理解了,教师也不知道学生是如何理解的。这种以检测阅读理解结果为重点的阅读教学和阅读活动是很难提高学生的阅读能力的,这实际上是一种以学生考试或学生的自我阅读代替教师教学或在教师指导下学生自主阅读的阅读课教学模式。第二,很多阅读教学活动的重点放在帮助学生学习词汇和语言结构,而不是放在帮助学生理解语言所表达的内容。其结果是,学生把一篇结构完整、内容充实的阅读材料分解得支离破碎。

阅读活动是一个过程,阅读的核心是理解。因此,阅读教学的一个重要目标应该放在培养学生阅读理解过程中的元认知技能的训练。

阅读理解过程中的元认知技能包括如下几点:

(1)在阅读过程中提出假设和预测。

(2)筛选、连接、解释阅读材料中的信息。

(3)根据材料内容设问。

(4)在阅读过程中不断检测先前提出的假设、验证先前提出的预测。

(5)采用自我监控和自我修整策略。

当然,教师在阅读课上除了利用阅读材料训练学生阅读技巧外,也应通过阅读教学帮助学生学习语言知识。比如,扩大学生的词汇量,学习新的语言结构,巩固所学的基本句型。

3. 训练学生良好的阅读习惯,提高阅读速度

阅读速度是指在单位时间内完成的阅读量。很多学生抱怨自己的阅读速度太慢。教师在教学中可以有针对性地调整阅读材料的难度,对学生进行专门的训练,以提高他们的阅读速度。

第一,学生存在着回眸重读、回眸倒读或心理翻译、分析结构等习惯,其原因可能是因为阅读材料太难,阅读材料包含了太多的生词、句子结构过于复杂,抑或阅读材料所涉及的背景知识超出了学生的阅读能力,学生读完了文字后仍然不理解句子所云。针对这些问题,一方面,教师选取与学生实际水平相吻合的阅读材料;另一方面,在让学生独立阅读之前,先帮助他们扫清部分新词的意义,或向学生介绍相应的背景知识。

第二,切断学生回眸重读、回眸倒读的机会,不给学生心理翻译、分析结构的时间。教师可把一篇阅读材料划分为若干个段落,充分利用电化教育手段,把每一部分的材料投影到屏幕上,全班学生一同阅读,要求他们在规定的时间完成。用这种方法训练,教师可有效地控制学生的阅读时间,不给学生重读、倒读的机会。

第三,开展视幅训练。所谓视幅,就是指一次定睛接收的视觉信息范围。每个人在阅读中的视幅是不同的。阅读时,一次定睛看到的句子长度越长,其阅读速度就越快。教师可以通过先以短语为单位,后以短句为单位,最后则是长句和段落为单位,即不断增加一次定睛的长度,训练学生的阅读速度。

4. 构建阅读文化图式

图式理论对阅读的本质加以彰显,即指出阅读的本质在于读者及读者大脑中所理解的相关主题知识与阅读材料的文字信息之间不断交互的过程。图式理论凸显文化背景知识的重要性,但并不忽视词汇、语法在阅读中的意义。具体来说,其包含三大步骤:

读前阶段即信息导入阶段。在这一阶段,要发挥图式在阅读之前的预测作用。教师应该组织学生参加一些讨论与预测,从而激活学生的大脑图式。一般,这采用的是自上而下的阅读,学生将头脑中的先验知识与文本结合起来,激活学生的图式,并建构新的图式,为他们的阅读学习奠定基础。

读中阶段即文化渗透阶段。在这一阶段,要发挥图式的信息处理功能。学生根据自上而下的模式,对文章的整体思路进行探究,从而建构内容图式与阅读技巧。

读后阶段即文化拓展阶段。在这一阶段,要发挥出图式的记忆组织功能。教师可以通过各种活动对学生的新图式加以巩固,如辩论、角色扮演、讨论等。图式理论指出,学生存储在大脑中的图式越丰富,其预测能力就越强。因此,课外阅读是非常重要的。

具体可以通过图4-13体现出来。

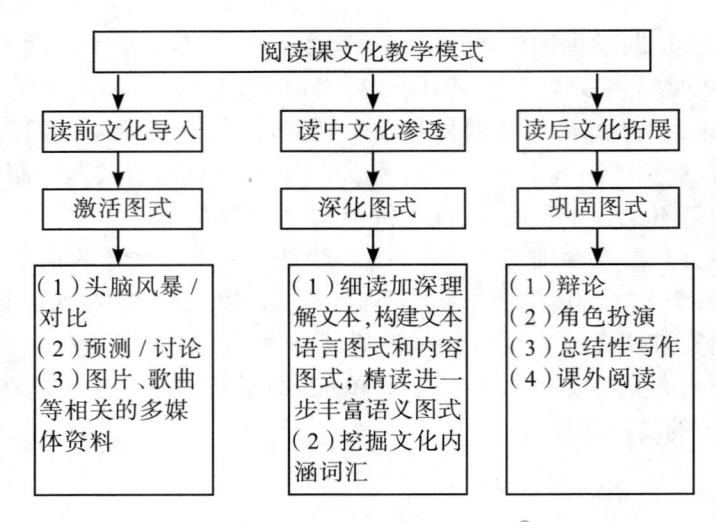

```
                    ┌─────────────────────┐
                    │   阅读课文化教学模式   │
                    └─────────────────────┘
                ↓              ↓              ↓
          ┌──────────┐   ┌──────────┐   ┌──────────┐
          │读前文化导入│   │读中文化渗透│   │读后文化拓展│
          └──────────┘   └──────────┘   └──────────┘
                ↓              ↓              ↓
          ┌──────────┐   ┌──────────┐   ┌──────────┐
          │ 激活图式  │   │ 深化图式  │   │ 巩固图式  │
          └──────────┘   └──────────┘   └──────────┘
```

激活图式	深化图式	巩固图式
（1）头脑风暴/对比 （2）预测/讨论 （3）图片、歌曲等相关的多媒体资料	（1）细读加深理解文本，构建文本语言图式和内容图式；精读进一步丰富语义图式 （2）挖掘文化内涵词汇	（1）辩论 （2）角色扮演 （3）总结性写作 （4）课外阅读

图 4-13　阅读文化图式模式[①]

5. 网络辅助阅读教学

将信息技术与高校英语阅读技能教学相融合，学生可以利用信息技术搜索与学习自己喜欢的英语知识。但是，这并不意味着学生的网络搜索是漫无目的的，其中离不开教师的指导与引导。如果教师对学生的阅读学习不管不问，那么即便信息技术再发达，学生自身的阅读兴趣以及阅读能力也是很难有效提升的。因此，高校英语阅读技能教学中融入信息技术离不开教师的充分参与。具体而言，教师可以采用如下几种方式：

（1）运用网络激发学生兴趣。教师可以利用信息技术为学生的英语阅读创建一个平台，让学生充分参与其中，并利用这一平台来扩展自己的阅读能力。利用信息技术，教师可以为学生准备阅读的丰富资料，实现阅读资源共享。在教学过程中，教师可以依据教材中的内容为学生建立一个网络阅读资料库，将教材中阅读的重点、难点都上传到网络上，同时为学生补充适当的课外知识，以拓展学生的阅读视野。此外，为了避免学生在阅读学习中出现乏味情绪，教师还可以在学生阅读的资料中添加一些图片、视频、漫画、音乐等，在材料的格式、设计上也可以体现自己的特点，让学生爱上英语阅读。

[①] 马苹惠：《高中英语阅读课中文化教学的研究——以图式理论为基础》，福建师范大学，2016，第 27 页。

（2）科学合理地选择阅读材料。显然，学生阅读能力的提高离不开大量的练习，换言之，英语阅读属于一门技巧训练的课程，需要花费大量的时间进行阅读训练。因此，这就要求教师为学生准备科学的阅读材料。在信息技术的帮助下，教师可以为学生找到一些贴近课堂教学内容的阅读材料。在开始上课之前，教师可以为学生布置一些阅读要点，让学生自己上网搜索浏览，这可以在一定程度上培养高校学生的查询以及获取信息的能力。随后，教师将自己所准备的阅读材料发给学生，让学生通过小组的形式阅读与交流，并分享心得。等到课堂结束的时候，教师可以安排学生对这次阅读活动进行总结，每一位学生都要写出总结报告，然后教师对学生的报告给予口头评价。

二、信息化教学在写作课堂中的应用

（一）写作相关内容解析

写作是人们传达思想与情感的一种书面形式，其与口语是同等的地位，不是口语的附属品，二者都属于对语言的重要输出。

写作是写作者将头脑中的信息转化成书面形式的过程，是一个非常复杂的心理活动。具体来说，写作过程可以归纳为如下几点：

1. 构思

构思即所谓的写作计划，是写作者按照一定的要求，在头脑中预先想好自己要准备什么、要表达什么，并在头脑中建构一定的脉络。在写作中，这一阶段非常重要。

构思是一种思维能力，也是一种方法。在进行写作时，除了要在头脑中搜寻与写作相关的材料与信息，还要对其进行加工与组织，这就是所谓的谋篇布局。所以，在写作者的头脑中，要先建构一个缜密、严谨的文章轮廓。

2. 转译

转译是将作者头脑中的构思转化成文字符号的过程，即将写作者的所想用文字表达出来的过程。在写作过程中，涉及多种转译，具体来说包含三级转译。

第一级转译：从头脑思维转向内部言语。

第二级转译：从内部言语转向外部言语。

第三级转译：从外部言语转向书面文字。

写作转译的过程是起草的过程，是将写作者头脑中的思维转化成文本的过程。在起草初稿的过程中，要求写作者建构文章的整体结构，并且使得文章的内容与主题相契合，同时兼顾语法、标点等内容。

3. 修改

初稿完成之后就需要修改，即所谓的润色与加工阶段。只有润色与加工之后才可以定稿。修改涉及写作者对初稿的文章脉络、内容、语法、标点等进行修改。在西方学界，修改备受重视，因为修改被定义为一种再创造的过程。

具体来说，修改包含三个层面：

（1）宏观修改，指从整体出发对文章的脉络等进行修改，包括内容、风格、文体等层面。

（2）微观修改，即对文章的句子、段落等细节进行修改，保证句子与句子之间、段落与段落之间的完整性。

（3）校读，即对语句、标点等技术性错误加以修改，保证文章的规范与通畅。

（二）写作能力训练的原则

在写作能力的培养与训练中，我们应遵循以下原则：

1. 听说读写综合训练

听说和读写相互促进，相辅相成。所以，在我们着力培养学生写作能力时，要注意结合听说以及阅读能力的培养进行训练。

2. 注重循序渐进

教师在指导学生练习写作时应注意循序渐进性，即要"从易到难，从简到繁"，这个顺序是：书写、听写、语言修辞及造句、书面语言概括、模仿写作及自由作文。

3. 注意控制性

所谓"控制",就是在安排写作训练或测试时都要限定时间、内容、字数及词汇等。在指导学生进行写作时,教师一定要注意并使学生也注意到这个原则。写作能力培养中的控制原则与写作能力构成因素之一的自由书面表达能力不相矛盾。自由书面表达能力是在有所控制的前提下进行的。

4. 凸显学生的主体性

在英语写作技能教学中,首先需要凸显学生的主体性,对学生的主体性予以尊重,从学生出发来展开教学。只有将学生的兴趣和积极性激发出来,提升学生的主动性,才能让学生占据主体的地位。当然,让学生占据主体性的方式有很多,其中最有效的一种手段就是小组讨论。

另外,教师是否组织小组讨论、小组之间如何展开小组讨论属于过程教学法的内容,也是过程教学法的关键层面。教师在小组讨论中,不仅可以采用提问的形式,让学生集体进行作答,还可以采用互相帮助的形式。

总体来说,主要是让学生参与其中,将学生的自主性发挥出来,进而让学生在活动中完成自己的写作。

5. 注重范例引路

就学生而言,学生在进行英语写作时,往往会出现如下两点困境:

第一,想说很多话,但是不知道如何下笔。

第二,没有什么话说,或者只能说一点点,不能深入地进行探讨和分析。

因此,在写作技能教学中,教师应该帮助学生解决上述问题,其中最好的办法是让学生进行模仿。

在英语写作中,模仿这一方法非常有效,教师在让学生写作的时候,可以为学生提供一些精美范文,学生根据范文进行写作,这样他们写出的文章才能更合理、地道。

另外,教师也可以在学生写完之后给学生提供一些范文,让学生将自己写的内容与范文展开对比。这样有助于学生发现自己写作中的不足,找出自己写作中的问题,从而快速地提升自身的写作水平。需要指出的是，教师提供的范文应该在格式、内容、修辞等层面都能够对学生有所帮助，从而让他们掌握一些写作的知识。

（三）信息化教学在写作课堂中的应用策略

1. 文化教学法

当前，在英语写作教学中，教师应该注重培养学生的文化知识，摆脱文化负迁移对学生写作的影响。在写作中，学生遇到比较困难的句子，往往会用汉语思维来组织，导致出现明显的语言错误，这就是汉语负迁移的影响。因此，在英语写作技能力训练中，教师除了训练学生的词汇、语法知识，还要训练他们的文化知识，避免学生出现文化负迁移。同时，教师应该鼓励学生多展开阅读，从阅读中获取更多的文化背景知识，从而充实自己的写作语言。[①]

2. 头脑风暴法

头脑风暴是由美国奥斯提出的，是一种激发集体智慧产生和提出创新设想的思维方法。它广泛地用于创造性思维活动之中，其目的是诱发一些新奇问题中许多可能的思想或解决问题的方法。头脑风暴法的核心是人的创造性想象力。头脑风暴法是为了克服阻碍产生创造性方案的遵从压力的一种相对简单的方法。它利用一种思想产生过程，鼓励提出任何种类的方案设计思想，同时禁止对各种方案的任何批评。用头脑风暴寻找新的素材是一个激发想法和产生信息的好方法。简单来说，就是列出所有与话题有关的内容，可以由一个想法自由联想到另一个想法。因此，所列的顺序并不重要，要让思维围绕话题宽幅扩展，要把所想到的全部都记录下来，因为我们不可能知道哪一个信息过后会变得很有价值。要快速记录，如果停顿了，可以重读已写的信息，这样会有新的思路，运用头脑风暴策略进行写作的时间至少要多于 5 分钟。"头脑风暴法"在写作教学中的应用有助于激励学生有创意地写作，使学生思维高度活跃，打破常规的思维方式而产生大量创造性设想的状况。学生们在讨论过程中不断产生新观点，当学生们认为已经把有关这个话题的观点

[①] 姜涛：《大学英语写作教学理论与实践》，吉林出版集团有限责任公司，2009，第 115 页。

都想到了时,就可以编辑清单的内容,形成一个初始提纲,将其融入写作当中。[1]

3. 理解修辞环境

修辞是需要修辞环境的,而这个环境也就是语境。如何结合上下文使修辞环境更适合所用修辞是一门学问。因为修辞分为抽象和具体两种,也就是所谓的消极和积极修辞。消极修辞需要准确、没有异议的修辞语境;积极修辞则需要能够感悟、体会的修辞语境,让人身临其境。修辞环境是交际的框架,在课堂中说的话与参加朋友聚会时说的话通常不同,因为所面对的人、所处的地点和所发生的事都不尽相同,写私人信件和试验报告也一定不同,因为目标读者不同。

为了理解写作的修辞环境,必须明确理解写作目的(purpose)、写作形式(forms of writing)、作者和读者的角色(writer and reader role)以及语气(tone)。

(1)写作目的。写作目的是一个人对社会与人生的一种认识的升华,如同内心的一面镜子,照映着自己,能感觉到自己还是个有心的人。准备写作时,要明确文章的写作目的,大多数文章都试图达到这样三种目的:自我表达(self expression)、说明(exposition)和劝说(persuasion)。自我表达的文章表明作者的经历、态度和感受,像日记、回忆录、私人信件都属于此类,当作者被要求写一个关于个人主题的文章时通常采用自我表达式的方式。

说明指当作者关注某一主题,想要描述或阐释它时,他的目的就是说明。很多文章的写作都包含这个目的,说明也仅仅限于学术写作,它在不同修辞环境中起重要的作用,主要是为读者分析某种社会问题或现象的成因、现况和建议解决方案。

劝说(persuasion)指当作者通过写作而促使读者在某些方面改变的话,他的目的就是劝说。劝说可以被看成是一个连续的过程,两端分别是唤起意识(creating awareness)和促使行动(provoking an action)。

以劝说为目的的文章是要唤起人们对某一问题的意识。例如,假设作者想让他的工会为附近小学募捐。首先,要让每位工会成员了解学校

---

[1] 姜涛:《大学英语写作教学理论与实践》,吉林出版集团有限责任公司,2009,第116页。

确实需要资助,而且大家也有义务去这么做。一旦唤起了人们的这种意识,接下来就需要改变他们的态度。比如,有的人会认为学校本身有足够的资金这类想法等。当大多数人被说服并已经确信,还要让他们采取行动。

很多文章都不只会有一个目的,所以要使各个目的相互平衡。比如,要改变那些认为学校有足够资金的想法,就要同时使用劝说和说明。因为可能需要通过说明对当地税收体系进行阐释以便使人们确信学校确实需要帮助。平衡各种目的的关键是要把握好各个目的所占的比例。如果写一个两千字左右的关于上述为学校募捐的事的文章,而仅仅去解释说明当地税收体系对学校的影响,那就很难成功。这个事例中,阐释税收体制只能作为劝说工会募捐的一种手段。

（2）写作形式。我们通常用类型这个词来描述一个具体的写作形式,一些常见的类型有:学术文章、科研论文、正式信函、私人信件、电子邮件和正式报告等。在不同的情况下,我们需要选择不同文章类型,如生日礼物需要使用个人祝福或感谢的话语形式,科学试验则应采用正式的试验报告。理解文章的类型所适用的修辞环境会提高写作的有效性,不断从多个维度、多个层面上,凭借写作渠源的多向开掘、写作内容的多维获取、写作思维的多元发散、写作形式的自主选择、写作评价的动态立体、写作文品的多级交流,形成一个完整、流畅、开放、大气的"运行链",以确保写作能力与素养的全面提升,进而为写作创新能力夯实基础。

（3）作者和读者的角色。写作是运用语言文字表达思想、交流情感的重要方式。从某种意义上说,写作的实质就是对话:原我与超我的对话、生命与世界的对话、作者与读者的对话。在我们看不见的地方,作者通过文字与读者进行超越时空的心灵的对话与交融。在修辞环境中要了解读者,一位好的作者通常都时刻考虑读者,一旦确定了写作目的和主题,作者会以读者的角度给出材料,并对内容结构做出选择。读者可能是个体或群体,也可能是专业人士或一般大众。

在传统的写作观点中,读者被赋予了从属者的角色,他的任务就是从作品中去发现文本的意义。随着以读者为中心的观点的出现,读者的角色转换为类似作者的角色,对文本可以进行创造性的阐释,读者可以进行推理以获得作者的意图。在修辞环境中作者和读者都有各自的角色,了解自己作为作者的角色和读者的角色有助于更好地完成写作。具体有如下几种角色关系：

①作者与读者是平等关系（writer and reader as peers）。二者都有相似的知识和经历，没有谁比谁更权威。作者了解读者的阅读需求，尊重读者的阅读选择，能和读者平等相待。这种角色关系有利于作者表达个人感情，典型的形式是个人信件和电子邮件，在语言上通常是非正式的。①

②作者作为初学者，读者作为专家（writer as novice and reader as expert）。很多写作都属于此类。学生作为初学者要获取知识，对读者心存敬意，遵照写作任务的要求，并仔细修改校读，最后上交自己的文章。

③其他角色关系（other writer and reader relationships）。有时作者和读者的角色属于不同范畴，尤其当他们处在不同地位或拥有不同权威或权利时，要尊重读者，善于说清楚自己要表达的信息，不要过于冒失自负。

（4）语气。人类的语言都承载着一定的语气。比如，在拒绝客人时，使用否定句的影响是强烈的，会给客人留下不愉快的印象，切记不要直接向客人说"不"，要使用委婉的语句。试比较以下两个句子：

"请不要在这儿吸烟！"

"对不起，这儿是不能抽烟的！"

上面这两句话，表达的内容虽然相同，但后者的语气显得更柔和，更礼貌一些。尽管文字是静态无声的，但作者关于话题和读者的态度决定他所用的语气。语气可以是严肃认真的，也可以是活泼幽默的；可以是平心静气的，也可以是激情澎湃的；可以是权威的，也可以是尝试性的；当然，也可以是直接明了的，或是讽刺反语的。

如果在不熟悉的修辞环境中进行写作，可以找一篇与所要写作种类相同的范文或样品，分析样品文章中的写作目的、作者和读者的角色以及语气。如果可能的话，请熟知这种修辞环境对人所提供的帮助。例如，商业英语写作的语气就与文学写作语气不同，商业英语的写作比较注重使用尊重的语气、中正的词语、正规的文体和简短的篇章，它有别于丰富多彩、自由烂漫、讽刺辛辣、戏谑狡辩、夸张缩小的文学家的笔调，讲

---

① 姜涛：《大学英语写作教学理论与实践》，吉林出版集团有限责任公司，2009，第120页。

究的是得体贴切、简洁有力、明了清晰的表达方式。因此,要合理运用并控制文章的语气。①

4. 翻转课堂教学法

(1)教学过程强调教学对象的主体性、教学程序的连续性。学生在上课前自学指定的教材章节和电子教案,上课时教师在布置写作任务后简要介绍任务将涉及的知识点,然后学生分头在计算机上写作。对于学生提出的共同问题,教师会集中讲解,但大部分时间是一对一辅导。为了保证课堂上每名成员的学习积极性都能调动起来,教师发动基础好的学生做小教师,帮助基础差的同学解决一些简单问题。

课后,学生把写好的作文上传到教学管理平台的计分作业栏目,由教师批阅。值得一提的是,经过课堂上的个性化辅导,学生习作中的语法和句法错误已经不多见,教师批阅的作用主要在于肯定哪篇作文更加有逻辑性、更加合情合理,并且把优秀作文设置成"展示",为没有到课的学生提供范例。

(2)教学评估强调实践性、过程性。高校英语写作课程作为语言输出类课程,集中检验着学生对以前输入性课程的掌握情况,现场作文是最直观、最有效的检测手段之一。因此,在翻转课堂教学模式的应用过程中,教师会强调现场作文的过程和质量,把它作为阶段性评估的重要组成部分。期末考试采用闭卷形式,范围覆盖本学期所学的全部应用文体,学生要根据要求在机房内完成作文。

三、信息化教学在翻译课堂中的应用

(一)翻译相关内容解析

1. 翻译

翻译的定义是什么?或者说什么是翻译呢?不同的翻译研究学者为翻译下过不同的定义。有人认为翻译是"运用一种语言把另一种语言所表达的思维内容准确而完整地重新表达出来的语言活动"。也有人

---

① 姜涛:《大学英语写作教学理论与实践》,吉林出版集团有限责任公司,2009年,第121页。

甚至说"翻译是把一段话语的意义,按照作者所想的方式翻译为另一种语言"。还有学者强调对等,认为"翻译就是译入语复制出与源语信息最接近的自然等值体——首先就意义而言,其次就风格而言"。

综合以上所述的各种定义我们可以看出,翻译是两种语言间的文本交换活动,其目的就是要实现将原文文本所表达的思维内容(或信息)在译文文本中表现出来。首先我们必须承认具备可译性。英语与汉语之间不可译因素几乎遍及各个方面,各民族之间对事物的理解也存在着一定的差异。比如,汉语中将浪费钱说成"挥金如土",而英语中却说spend money like water。狗这种动物在汉语中给人的印象是较恶劣的,如"狗腿子""狼心狗肺""狗改不了吃屎"等。而在英语中 dog 是受人喜爱的动物,所以产生了诸如 lucky dog(幸运儿),"Love me, love my dog.(爱屋及乌)"等词语。我们发现尽管不能将 lucky dog 译为"幸运狗",但可以译成"幸运儿"。所以说不可译性更多地存在于"纯语言"的层面,其所包含的意义还是可以翻译的。这主要是因为人类的自然、历史、地理、生理等具有大致相同的方式,而且人类的精神、心理等也有共性,特别是作为语言这个整体的一部分,每种语言尽管有这样那样的区别,但也具有共同的功能和规律。

2. 翻译的基本过程

一般而言,翻译的全过程可分为三个阶段:理解、表达和校核。翻译实践中,理解是表达的基础、表达的前提,没有对原文正确的理解也就谈不上确切的表达。表达的过程既是源语转化为译语的过程,也是对源语文本意义理解的深化过程。这是因为在表达的同时,译者会自觉或不自觉地对原文的意义进行更细致的推敲,同时译者也会对译文进行仔细的斟酌,以便尽可能确切、忠实地传达原文的意义。而校核则是使表达的质量得到进一步保障的关键。理解、表达和校核这三个阶段不应该是截然分开、相互独立的。在翻译实践中,这三者是一个往返穿插、相互联系、相辅相成的统一过程。

(1)理解。正确理解原文是翻译的第一步。对原文的理解应着眼于以下几点:理解原文的语言现象,重视原文词句的上下文语境和文化背景,确定原文的语体风格。

(2)表达。表达是翻译过程的第二步,是理解的结果。在翻译过程中,译者是源语和译语的中介者,具有原文接受者和译文表达者的双重

身份。在理解的阶段,译者关注的重心是原文的意义和表达形式;在表达的阶段,译者关注的重心是如何用译语忠实、恰当地传递原文信息,包括原文的风格。

(3)校核。翻译过程的最后一个阶段是校核,是对已从原文转化为译文的表达结果做进一步加工和处理、进一步把关的重要阶段。校核时应对照原文仔细通读、对比以防止错误和疏漏,同时还需单独通读译文,以发现译文表达中的生硬、晦涩和不通顺之处。通常,除在完成翻译之后立即着手校核之外,时间许可的话,还可将译文放一段时间后再次校核,也可以求助于他人帮忙审核(尤其是涉及专业性较强的译文)。这样对译文的审核视角将会更为客观、专业和全面。

校核译文须特别注意以下几个方面:

其一,仔细对照原文检查译文中的数字日期、方位名称(尤其是地名和组织机构名)、专业术语、数字单位、量单位、倍数关系等方面有否错译和漏译。

其二,对照原文检查译文有否漏译原文的词句、段落或公式。

其三,对照原文检查译文有否误译原文内容。

其四,查看译文有否漏用误用标点及各类专业符号。

其五,通读译文,看译文的行文中有无不合逻辑、语言晦涩、词句不通之处。针对校核出来的问题译者应以高度认真负责的态度,修改错误、疏漏和不妥之处,务使所有问题都得到妥善处理,把好翻译质量关。

(二)翻译能力训练的原则

1. 注重精讲多练

精讲多练原则主要包含两个层面:精讲和多练。翻译技能教学如果仅从传统教学方法入手,先教授后练习,那么是很难塑造好的翻译人才的。因此,在翻译技能教学中,教师应该不仅要教授,还需要练习,在课堂上将二者完美结合。

2. 兼顾翻译速度与质量

在翻译技能教学中,需要兼顾速度与质量。翻译技能教学的目标在于提升学生的翻译能力。要想培养学生的翻译能力,学生掌握相关的技巧是必不可少的,同时除了掌握翻译技巧,还需要把握翻译速度。这是因为在当前的翻译活动中,很多时候有急催稿件的情况,如果学生的翻译速度很慢,来不及交稿,那么就必然会影响翻译任务。因此,提升学生的翻译速度在英语翻译技能教学中必不可少。

具体来说,在翻译技能教学中,教师可以限制学生翻译的时间,如在做翻译练习时,教师可以考虑翻译的字数,可以从 250 个单词开始,之后逐步增加,直到能够翻译一整篇文章。

当然,教师除了在课堂上限制学生的翻译时间外,在课外也要求学生控制自己的翻译时间。通过这样的手段,长期训练下去,学生就能够对自己的翻译时间进行合理的调控。在翻译时,学生也会提升自己的翻译速度意识,既创造了较好的译文,又把握了翻译的速度。

(三)信息化教学在翻译课堂中的应用策略

1. 制作个性化的翻译技能教学视频

在实施教学时,教师可以提前为学生制作视频,将教学内容进行模块化处理,并且每一个视频都围绕某一知识点展开,如翻译理论、翻译技巧等。同时,在制作视频的时候,应该突出重难点,明确教学目标,为线上、线下教学做准备。此外,教师还需要考虑翻译技能教学的连贯性,为了实现整体的教学目标努力。在课堂开始之前,教师制作视频,设置教学任务,并将其发布到网络平台上供学生阅读,教师通过让学生观看,对学生提出的问题加以汇总与解决。在课堂上,教师对视频中的技巧与理论加以梳理,组织学生进行协作学习,实现知识的真正内化。在课后,教师还可以组织学生撰写翻译笔记,从中了解学生是针对哪些问题存在疑惑的,进而对自己的教学方案加以调整。

2. 利用多媒体展开翻译课堂教学,增加英语习得

在翻译技能教学中,教师可以辅以多媒体光盘展开教学。但是,由于各个学校的多媒体设备配置存在差异,并且很多配套光盘的内容系统性不强,因此教师需要斟酌才能使用,最好的方式就是教师根据教学内容自己制作课件,然后展示给学生。这样的课件对于学生翻译能力的提升也是大有裨益的,可以促进不同层次的学生的翻译能力得到不同程度的提升。

第五章 高校英语信息化教学评价多元化

随着信息技术的进步，高校英语教学有了更高的要求，而教学评价作为高校英语教学的一部分，需要不断改进教学评价的手段，以适应社会发展的需求。当前，高校英语教学存在的突出问题之一就是教学评价手段不完善，因此高校英语教学应该基于信息技术，改进教学评价体系，使教学评价更为多元化。本章就对高校英语信息化教学评价的多元化手段展开研究。

第一节 高校英语教学评价的内容

一、区分评价、评估与测试

提起评价，很多人会联想到测试、评估，认为三者是同一概念。但是仔细分析，三者是存在一定的区别的。三者的关系如 5-1 所示。

第五章
高校英语信息化教学评价多元化

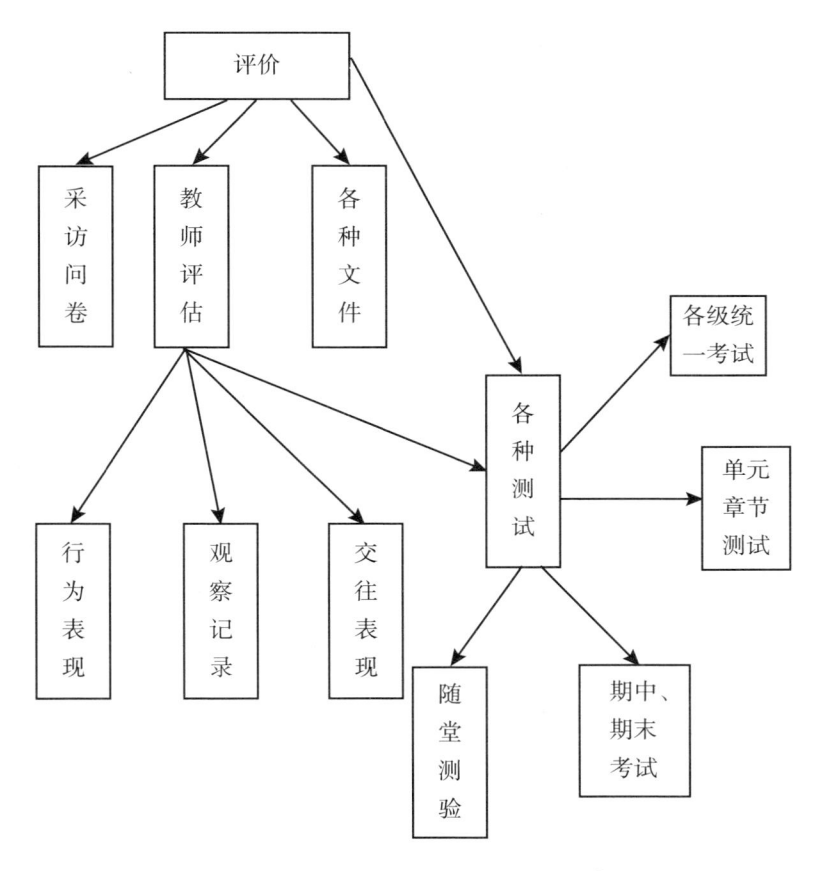

图 5-1 评价、评估与测试的关系[①]

从图 5-1 中可知,评价与测试、评估关系非常密切,但也存在区别。具体来说,可以从如下两点理解:

第一,就目标而言,测试主要是为了满足教师、家长的需要,便于他们弄清楚自己学生/孩子的成绩。当今社会仍旧以测试为主,并且测试也为家长、教师、学生提供了很多信息。评估主要是为教师与学生提供依据,如学生在学习中遇到什么问题、学生学习的效果如何等,便于教师提升自身的教学质量,也便于学生提升自身的学习效果。评价有助于行政部门对教学进行合理配置。显然,三者有着不同的作用。

第二,就数据信息而言,测试主要收集的是学生试卷的信息,也是学

---

① 黎茂昌,潘景丽:《新课程小学英语教学理论与实践》,四川大学出版社,2011,第 151 页。

生语言水平的反映,但是试卷无法评估学生的语言运用能力。评估可以划分为终结性评估与形成性评估两类,终结性评估简单来说就是测试,而形成性评估主要是对学生学习过程的评估。评价往往是从测试、问卷、访谈等多个层面来说的,属于一种综合性评估。

二、高校英语教学评价的理念

当前,高校英语教学的主流精神在于以学生为本,即以学生作为主体,通过将学生的学习积极性调动起来,促进学生的主动学习,进而推进学生的和谐全面发展。具体而言,高校英语教学评价需要注意如下几个层面:

(一)主体性

高校英语教学长期存在"费时低效"的情况,其根本原因在于高校英语教学过分重视教授,而忽视了学习,对于标准化与一体化教学过分看重,未重视学生的个体化差异。

在信息化时代,高校英语教学需要考虑学生的情感与认知因素,允许学生对自己的学习内容进行自行选择,可能全部承担或者部分承担自身学习的前期准备、实际学习以及学习效果监控与评价等责任,让学生在学习与评价过程中形成一种监控意识。

(二)交互性

每一名学生都是一个完整的整体,教师与学生的目标是不同的,但是彼此之间也不是孤立的状态。教师和学生都是社会互动中的一部分,并且只有融入整个社会体系之中,才能将各自的效能发挥出来。高校英语学习本身属于一种社会性活动,对高校英语教学模式的探索必然与师生相关,并且师生之间的互动也是高校英语课程的核心。师生互动对教学活动的质量起着决定性的作用,并且师生之间的交互模式也对他们各自的角色起着决定性的作用。在这期间,学生从被动地听课角色变成学习活动的计划者、对自己学习过程的调控者、对自己学习结果的评价者。教师的角色也发生了改变,从之前的知识的播种者转变成课堂活动的组织者、教学活动的研究者、学生学习的指导者的。

（三）情感性

外语学习不仅是一个语言认知的过程，还是一个情感交流的过程。当师生围绕着教材展开教学活动的时候，教师、教材与学生之间不仅是在传递信息，还是在交流情感。高校英语教学在高校教育中，被视作传承异域文化的价值观念、实践成果等的中介。在高校英语课程发展中，培养积极的情感是非常重要的。在信息化时代的高校英语教学改革中，情感、态度、价值观需要引起教师与其他学者的关注。学生对英语学习的情感不仅能够激发学生学习的兴趣，还能够让学生感受到英语学习的快乐，是一种丰富的内心体验过程。

三、当前高校英语教学评价的变革

在当前的高校英语教学中，评价问题一直是一个瓶颈问题。自从2001年教学改革的推进，英语教学评价成为热点问题之一，很多教师开始接受新的评价观念，凸显评价的发展性功能，并从评价内容、评价标准、评价方法等多个层面对其展开探究。就整体而言，高校英语教学评价呈现以下几点趋势：

（一）英语形成性评价正被英语教师认识与实施

在当前的高校英语教学评价中，形成性评价占据重要层面，并在我国已经非常常见。由于受到应试教育等因素的影响，我国部分教师对于形成性评价的认识不到位。但是，随着英语教学的不断改革，形成性评价被很多教师认识，并在逐渐实施起来。

英语形成性评价分为测试型评价与非测试型评价两大类。很多高校开发了这两种形成性评价，从而关注学生的日常英语学习情况。当前，对于这两类评价，主要采用评价表、问卷、成长记录袋等多种形式。

（二）英语口语测试得到重视

在一些地区的英语考试中，已经增设了口语测试，更多的地区、学校已经把口语测试列为考试的一个重要内容。没有口试的英语测试是不完整的。《大学英语教学指南》对学生听的能力有明确的要求，既然有要求，就必然会有相应的检测。

英语口试命题要坚持同步性、交际性、趣味性和激励性的原则。这里激励性原则非常重要。口试与笔试不同，它的评分主观性、随意性较大，要想取得绝对准确的结果是很难的。因此，在高考、中考以外的口语测试中我们不要过分强调甄别性，而要突出激励性。这就是以鼓励学生运用英语为出发点，在一定行政区域内推行的口试不强求各校之间的成绩可比性。把测试学生口语能力与考查学生的学习态度及学习潜质结合起来，使学生对口试不会望而生畏。通过口试调动学生的学习积极性是最大的收获，我们寻求的合理的相对准确的评分标准也会在这种和谐的气氛中得到认同。

通过人机对话实行口试，是口试数字化的一种尝试。例如，在深圳等地，英语口试就实行了人机对话。这种口试形式其优点是时间、人力上都很经济，标准更趋接近，其缺点是人文性较差。但从口试形式上，与我们原来的形式可以形成互补。

（三）英语考试命题改革正在全面启动

自从高校英语课程改革以来，各地对于学业考试命题都非常注重。其主要呈现了如下几点走向：

第一，将纯知识的考试比例降低。

第二，注重语言运用能力的考查。

第三，强调考试题目与实际生活紧密关联。

第四，在设计试卷的时候应该体现人文关怀。

（四）英语课堂教学评价关注点发生了改变

英语课堂教学过程是一个师生进步与发展的过程。在课堂教学评价中，过程与学生应该是两个关键词。而在传统的课堂教学评价中，人们对于教师的教过分关注，注重课堂知识是否传达，甚至通过考试成绩来评判教师的课堂教学效果。但是，在课程改革下，各地开始探寻新的评价标准，甚至出台了一些基本的方案，以推进课堂教学。一般来说，在新理念下，高校英语课程评价需要注意如下几个层面：

第一，高校英语教学目标需要与课程改革三维目标相符。

第二，高校英语教学方法的选择需要与学生的发展相符。

第三，高校英语教学评价应该体现学生的主体性特点。

第四，高校英语课堂教学中是否应用了恰当的评价手段。

（五）英语教学管理的评价已经起步

目前，国内对英语教学管理的评价论述还不多，但已经有不少英语教研员、英语教师开始关注英语教学管理的评价问题。学校对英语教学的管理在很大程度上制约着学校英语教学水平的发展。多年来，我们只关注课堂教学评价、学业评价，而忽视了对管理者管理英语教学的方式、水平等进行评价，这是我们在讨论英语教学评价时必须面对的问题。这些年来，我们把英语教学管理评价作为英语教学评价的内容之一进行研究，并有所心得。这里所说的英语教学管理包括英语课程设置、英语校本教研、英语校本课程、英语教研组工作、英语模块教学等。例如，对英语校本课程的开设，我们就从课程开设的原则、开发类型与过程、课程特点及课程管理等方面进行评价。

四、高校英语教学评价的指标

（一）评价指标设计的原则

指标就是能反映评价目标某一本质属性的具体的可测的行为化的评价准则。对英语课堂教学评价指标的设计必须能反映外语教育目标的本质要求。高校英语教学评价的指标设计应采取行为化测量法，即通过学生英语语言行为表现推测内在结构的思想方法。所有指标都是外显的行为，评价就是从外显行为推测其内部结构。这类评价指标设计应遵循以下几个原则：

（1）有效性原则：所设计的指标能反映目标的本质要求，目标的本质要求能在指标系统中找到。

（2）可测性原则：不能测量的不叫指标，可用经典量度。

（3）要素性原则：抓住主要因素就行了，不要面面俱到。

（二）教学评价的指标要素

1. 三定二中心

所谓"三定"，指的是教师从教学材料的特点、内容出发，对本次课的达标层次位置进行设定，然后分析各个目标层次可能需要用到的时间，然后考虑课堂评价的内容，对课堂展开定性的评价与分析。

所谓"二中心",指的是课堂要以学生的活动为主体,同时教学任务主要是培养学生的能力。这一指标是为了让学生真正地适应学习,并且也为学生的学习提供了时间与空间。

2. 知识再现

受考试题型的影响,当前的英语教学训练主要是选择题的形式。这样做导致仅仅给学生提供对正确答案进行辨认的过程,是处于智慧技能的初级阶段,对比现代的英语教学的目标要求来说,是相对比较远的。因此,在课堂训练中,一定要避免这种形式,要从多种活动出发考虑,体现出学生以往所学的知识,并能够在具体的实践中运用。因此,在高校英语教学中,教师要尽量少用或者在日常训练中不要用选择题,否则学生的训练只能获得较低的水平。

3. 全员参与

公开课上,许多外语课堂活动设计精良,但不足的是,活动面仅局限于小部分人。在一般的英语课堂上还有相当多的教师习惯于以个别提问为主的方式。教师的工作方式、公平态度、组织策略等都影响到学生学习状态,过程教学要求教师既要懂得活动设计,又要善于组织活动,如能采用两两对话、两两检查、小组讨论、小组编故事或对话、全班辩论、角色扮演、信息沟通(文字和图片),效果特别明显,在有限的课堂时间内让内全班几十个学生同时受益。全员参与是组织课堂活动的重要策略。

4. 目标层次活动定位

各层次活动设计各有要求,设计与目标层次相适应的课堂活动体现了科学性。目标分层多指把一节课分为各目标层次,但也可把一篇课文的教学分成几个侧重的层次,即在定量时根据进度侧重某几个层次,绝不是一节课只一个层次,原则是每节课至少保证达到第三层次的要求,下节课则侧重第四层次。另外,也可采用一条主线串层次的策略。

5. 优化配置各类活动

高校英语的课堂有很多的活动,但是当前的课堂活动出现了多而乱的情况,一些本身梯度不够或者不同梯度的活动顺序出现了颠倒的情

况,这就需要对课堂活动进行优化配置,具体需要做到如下几点:

第一,活动层次梯度应该明显。

第二,梯度要与学生的认知规律相符。

第三,让全体同学都能够参与其中。

第四,要设置多种多样的活动形式。

第五,对活动的时间进行合理的调整与反馈。

第二节　高校英语信息化教学评价的原则

一、树立符合学生认知规律的"发展观"

(一)用发展的观点看待学生

树立符合学生认知规律的"发展观"。从受教育者的认知发展规律出发,用发展的观点看待学生,用发展的观点衡量和要求学生,所有的教育教学活动都是为了学生的健康发展。

用发展的观点对待每一个学生,就必须关注学生的进步,就必须研究学生心理。我们一定要承认学习外语的个体差异,在外语学习上连性别都有差别,作为外语教师绝不能把这些正常的现象当作智商问题。那么,教师应该态度好一点,多一点笑容,多一分宽容,特别是对待学习暂时有困难的学生,不埋怨,不让其在骂声中成长,要让他们在学习活动中有安全感和成就感。放松心理是刺激语言发展的关键,了解这些,教师找到对策是不难的。

(二)关注学生心理的发展

教学是心理活动和心理发展统一的过程,教学群体的社会活动是个体心理活动,又是心理活动和心理发展统一的过程。苏联心理学家鲁宾斯坦认为在人的活动中形成的精神发展,人的能力在完成自己的活动中被发展着。活动使主体与客体、主观与客观、内部与外部相互作用、相互转化,学生的知识、能力、情感、思维方式等不是由教师赠送的,而是学生靠自己的活动、自己的劳动获得的。

（三）强调学生课堂表达行为

围绕每个单元的教学内容确定学生的课堂行为，以学生学习行为的充分表达作为教师教学行为转变的逻辑起点，"行为结构"旨在为学生学习提供从知识到技能形成的"过程"。我们开展的一系列教学质效评价活动重在评价学生的课堂作为，促进其转变学习方式。倡导对以技能训练为目的的"教学行为结构"恰好为学生提供了语言表达的平台。

二、树立以学生为主体

树立以学生为主体，以"学"为中心的"主体观"。学生是教育教学的主体，而且是具有能动性的主体，学生在学习过程中是信息加工的主体，只有抓住"学"这个中心，才能完成"教是为了学""学会是为了会学"的转化过程。

树立符合社会发展需要的"人才观"。培养符合社会发展需求的合格人才是教育的根本目的，应树立以符合社会发展需要，符合学生个性发展，并使二者形成最佳结合的人才观。个性（personality）一词，是指个人独特的性格和行为品质的总和。从研究个性的角度来探寻学生英语学习方式的变革是推进英语教育质量适应多元化社会发展的根本出路。从促进学生学习方式的变革中闯出英语教学的新路子是面对未来的主动、系统的回应。发展和完善人的个性已成为全球性的教育追求，倡导"以人为本"的英语教育更突出了新时代教育个性化的特点。素质教育的内涵之一是非均衡地发展，一味追求每个人素质均衡发展不仅违背教育规律，而且也不可能有效地促进学生健康成长，更不可能培养出有个性、有创造力、多样化的人才。我们的教育必须尊重个性的存在，英语教育的特殊性决定了英语学习方式的变革必须顺应个性发展的特点。

（一）创设"需要"的环境

突出工具性就要创设需要用语言做事情的环境，让学生在使用语言的环境中感到需要掌握哪些词汇和语言结构才能完成任务。需要产生动机，有需要就会主动。教师在语言教学中应有意设置一定程度的障碍，如要完成某个功能，我还需要什么？如何获得？让学生把学习每一个语言内容都看成是为了某种表达和展示的需要，一旦突破障碍，获得成功,便其乐无穷。

语言学习的需要与个性品质、人格品质都有很大关系,应根据不同学习者的潜质给予不同需要的感悟,设置不同的障碍,提供不同的舞台,特别是在学生语言活动中给予个性化的指导和关怀。把需要与学生主体性发展结合起来是教师教学水平发展的一个较高境界。

(二)捕捉良好的学习状态

学生学习英语时,对语言材料的理解反映了个体的综合素质。不同的学生有不同的理解,不可能只有唯一的标准,个性化的语言表达特点尤为明显。为此,在课堂上,要捕捉和保持学生良好的学习状态必须从关注个体开始,教师一定要利用各种反馈来确定学生个体的状况,并调整好自己的教学。但反馈值必须由反馈面和反馈质来确定,不能只以几个优生的回答来确定,也不能以低质量的检测来确定。

(三)统一之中的个别指导

学生群体中的智力差异并不大,这给统一要求奠定了基础,但智能类型却能直接影响个体的发展。在大班教学的现实中,教师面临的问题就是统一要求和个别指导的矛盾。分层教学力图解决这一问题,但仅以学业成绩来分层次是否科学却是一个问题,如能研究学生属于哪种智能类型,在语言学习中,某种类型适合从什么方面找到最佳切入点;或可以从哪些方面让该种类型的学生最易获得成就感,这样可能会找到治本的出路。在统一之中给予不同个性的学生个别关注和指导,在语言实践中让每个学生有事做,都有获得成功的机会,特别是对自信心不足的学生,教师应给予独特的关怀,把成功的体验提供给这些学生。可能教师会辛苦一些,但消除厌学心理,使每个学生都得到发展是教师的成功。

(四)公平对待每一名学生

如前所述,英语课上常常可以发现,许多课堂活动设计精良,但遗憾的是活动面仅局限于小部分人。在英语课堂上还有相当多的教师习惯于以个别提问为主的方式,举手的优秀学生可能获得多次机会,不举手的恰恰是有困难的,而他们可能就没有机会,即便是小组活动,个性不同的学生获得的机会时间也不同。这时教师的组织非常重要。教师的

工作方式、公平态度、组织策略等都影响到学生的学习状态。

公平就要求教师既要懂得活动设计,又要善于组织活动,如采用两两对话、两两检查、小组讨论、小组编故事或对话、全班辩论、角色扮演、信息沟通(文字和图片),效果特别明显,在有限时间内全班几十个学生同时受益。这种形式互动面大,再加上高频率就能为每一个孩子提供学习语言的环境,教师在学生活动中如能针对不同个性的潜质,充分发挥其作用,效果就更好。

三、注重评价的科学性

(一)语言测试

测试评价是高校英语课堂教学的重要手段,也是高校英语教学质量监控的有效的必不可少的教学环节。而英语语言测试评价又最体现科学性。现在英语测试的水平比以前有很大的提高,主要表现在知识立意向能力立意转变的本质内涵得到了充分的表达。试题以"信息或意义"的表达为测试目的,测试以语篇层次为侧重,试题的情境对语言的制约来自交际情境,答题的过程是学生在不同情境中与自然、环境、人物等不同角色互动的对话过程,考核的焦点在于是否达到交际目的。外语测试对学生获取信息、选择信息、加工信息、创造信息、表达信息、传递信息的能力的展示提供了有效载体。

第一,外语考试考什么。一般人似乎认为课本里讲什么就应该教什么,也就应该考什么。测试对语言知识是重视的,但它看中的是会不会在具体的语境下灵活运用语言知识,重视在真实的情境中考查英语语用能力,通过语篇考查听、说(间接口语)、读、写的技能,通过语言运用考核语言交际能力和最普通的交际行为所必需的对外国文化的了解程度。考查语篇能力贯穿在整个测试中,考听力是在对话和短文中进行的;阅读与完形填空的考核是以短文的形式出现的,写作考查学生的分析、综合、评价的高级技能,考查学生的阅读理解能力,考查分析语篇的结构的能力,整体把握篇章的思想脉搏、主旨大意,单项填空也是两句或三句构成的一个语境或情境。

第二,情境提供语言运用的载体。情境决定要表达的意思,要表达的意思决定要说的话的形式,从"交际情境"确定"要表达的意思"再到选择"要用的语言形式",这就是实际运用语言的正常心理过程。听、说、读、写的每一个行为,都以接受、加工、传递信息为目的,这是情境带来的自然制约,是真正的语言"运用"。而课堂上"造句"的心理过程就完全不同。学生先想着 study 这个词,然后再想一个可以出现这个词的句子。学生从"要用的语言形式"确定"要表达的意思",由于是人为地"外加制约",在脱离"交际情境"的情况下,写出来的句子即使语法不错,但心理过程完全违反了实际运用语言的心理过程。这种缺乏交际情境的练习还不能说是"运用"。传统的从语言形式出发的试题,根据要考的词汇和语法去设计试题。很多试题是命题人先决定要用的形式,然后由形式决定要表达的意思,至于交际情境有没有无所谓。这种造句式考试的心理过程完全违反了实际运用语言的心理过程。

(二)教案设计

第一,备课重点。评价的科学性原则要求教案设计必须以设计学生语言操练的活动为主。落实"三维目标"的第一环节就是备课。在日常的外语教学过程中,许多英语课未达到课程标准和教材设计的要求,主要问题是学生语言行为表达不充分,语言运用能力不强。造成这种现象的主要原因是:教师重自己的"教"轻学生的"学",重"内容目标"轻"行为目标",重"知识目标"轻"技能目标",在时间比例分配、学生训练面与频率、操练到交际的练习层次上都无法达到课程标准的要求。按照"英语教学行为结构"指引,可以使备课从教师过分注重自己的"教"转变为自觉关注学生如何"学",这就是备课的重点。

第二,设计活动。英国心理学家 Caleb Gattegno 曾说过:"Tell me and I forget. Teach me and I rremember. Involve me and I learn."一堂成功的外语课就是要看教师是否让学生置身运用语言环境中去。"教学行为结构"要求教师准备一池水,并把每名学生"拉下水",让学生在语言表达活动中学习。"用语言做事情"是语言交际的真谛所在。

第三,教学反思的参照。按照以上的备课规划和活动设计,课堂教学反思有了明确的科学参照。教学反思是教师与互联网教学共同成长的有效途径,实现理性的自我评价是质量监控体系的重要内容。反思主要是看是否促进了学生积极主动地发展。在信息化背景下,课堂教学反思主要从以下几方面的转变来衡量教学:关注内容目标→关注行为目标,看教师如何说→看学生如何作为,教教材→用教材,关注优秀生→关注全体,个别提问→交际互动、小组讨论、两两对话,互动频率→互动面。

四、采用多元化的评价手段

评价的多元化包括评价主体的多元化、评价方式的多元化和评价内容的多元化。

（一）评价主体的多元化

采用内部评价与外部评价相结合的方式，评价主体主要是学校、教师、学生、家长，也包括教育行政部门及其相关机构。按照评价主体构成，教育行政部门对学校英语课程实施进行评价，学校对授课教师教学情况进行评价，教师对学生学习情况进行评价。对学生的评价重点放在学生的自我的纵向比较上，把学生的学习态度和进步作为评价的主要标准，真正体现"以学生为本"的评价理念。

（二）评价方式的多元化

终结性评价和过程性评价是现在普遍采用的方式，需要指出的是，这两种方法应结合起来使用。终结性评价不能只看考试分数，必须由过去单一的考试成绩评价改为多元评价，即参考学生学习表现、作业情况、课堂行为表达、课外活动参与情况、个性发展等多种因素进行综合评价。评价方式的多样化还可以更加开放，除了纸笔、等级的评价方式，学生可以采用各种自己喜欢的形式反映自己的学习成果。

（三）评价内容的多元化

对学生外语听、说、读、写技能的评价，是仅仅在课堂还是可以更宽泛？这的确是新时期英语教育工作者不能回避的新问题。中国英语教育多年追求的一种社会氛围已经形成。过去大学英语专业的学生才能看到的原版电影，现在可任意欣赏，广播、报纸、戏剧、各类英语活动渗透到社会生活的方方面面。而我们今天的教学单一化已经适应不了社会的发展，也脱离了学生生活实际，形成了极不相称的反差。如果说英语教学不能只停留在教知识、记结构、背单词的低级阶段，那么教学评价是否也要改革，以适应社会发展的要求？社会越进步，越迫使我们改进方法，追求新的变革可能是高校外语教学评价必须思考的新问题。

（四）学生的多元化与学习出口的统一化

学生的多元化是指学习能力、学习风格、思维品质、发展水平、经验积累等方面的差异，就学习外语而言，学生的多元化还表现在家庭背景和文化背景的差异、社会经济差异、方言差异等方面。这些差异对学习英语的影响在学生身上一定会产生不同的反映，而我们的英语教学的唯一出口表现形式就是考试，鲜活的语言在考试中变异，富有个性的语言在考试中变成了统一的试题。为了追求更为有效的教学效果，英语教师必须了解学生存在差异的表现形式，并将这些因素纳入教学评价的考虑范畴。

第三节 高校英语信息化教学评价的创新方法

一、自主评价

（一）要结合具体任务

自我评价要结合具体的任务进行，如针对听力、口语、阅读、写作方面的某一具体任务的完成情况来进行自我评价。比如，在写作课教学中，为了让学生进行循序渐进的训练，教师可以让学生进行 contolled writing。具体实施步骤为：让学生用某章的重点词组来造句，慢慢发展成一段文章（充分发挥自己的想象力），互批造句（利用批改符号），把错句加以改正，给自己一个评价。这样做目的是提高学生用英语思维、活用单词、短语、句型的能力，为进一步写作打下良好的基础。此项活动每周可以进行一次。教师指导学生对第一稿进行自评、他评、修改，即可以得到一篇比较好的短文，虽然仍有点小错。这么一个自我评价的过程下来，学生短文写作能力会得到一定的提升。当然，作文中存在着些许错误，可让学生讨论并改正，这也是自我评价的一种形式。当找出错误后，教师应有针对性地进行评解，纠正错误。几乎每单元都可以采用这种方法。活动结束后，学生可以根据互批和教师批改进行自我反思和评价，把自身存在的知识缺陷及时弥补，达到成句、成篇的写作目的。

(二)要制订反思内容

反思内容最好以表格形式呈现,并且要结合具体的任务来设计。可采用自我反思表的形式,如表 5-1 所示。

表 5-1 关于听力的自我反思表[①]

学生姓名_____ 填表日期_____
本人认真回顾了从___月___日到___月___日早自习时间我的听力情况,我共听听力___次,我收获很多。 1. 在听力习惯和能力上,我的进步体现在:_____。 2. 我觉得取得听力进步的原因在于:_____。 3. 在听力过程中,我还需要改进一些问题(听力习惯、语音、语调、句型、非智力因素等):_____。 4. 教师、同学、家长的意见:_____。 5. 我想说:_____。

(三)给自己打分

学生对自己应该有一个评价,可以用优、良、中、差进行等级评价。当然,也可以考虑按照一定比例进入终结性评价,只是这不是教师个人所能决定的,需要全校教师、学生、家长的综合参与和民主讨论后做出决定。

在教与学的过程中,学生不仅是被评价的对象,而且是评价的参与者。自我客观评价可以提高学生学习的主动性和积极性,促进学生对自己学习进行反思,并帮助学生掌握评价技术,增加教师的评价信息。这一点是确信无疑的,难的是教师在教学实践中如何实施学生的自我评价。有效地让学生进行自我评价,实际上完善了教师的评价工作。而完善的内容比起让教师来做,能更加有效地促进学生的学业发展。

二、成长记录评价

要实行学生学业成绩与成长记录相结合的综合评价方式,一些教师感到困惑的是在操作中所出现的问题。例如,在英语教学中该如何建立

[①] 王哲:《互联网环境时代背景下的初中英语教育形态》,黑龙江教育出版社,2013,第 221 页。

和使用成长记录？使用的效果怎样？成长记录，是根据教育教学目标，有意识地将学生的相关作品及其他有关证据收集起来，通过合理的分析与解释，反映学生在学习与发展过程中的优势与不足，反映学生在达到目标过程中付出的努力与进步，并通过学生的自我反思激励学生取得更高的成就的一种记录方式。成长记录的基本成分是学生作品，学生作品的收集是有目的的，教师要重视学生在成长记录创建和使用过程中的参与，尤其是学生的自主评价和反思。

（一）成长记录的建立

成长记录作为一种典型的质性评价方式，主要用于教师的课堂评价实践。英语学科的成长记录可以按照听、说、读、写分门别类，根据教学需要来设计。具体来说，可以从如下方面着手：[1]

1. 指导学生在档案袋中做好学习记录

听：
能否听懂教师的教学指令：_____
能否听懂同伴的交流语：_____
听音练习时间：_____分／天
听音材料所涉及的话题：_____
完成听音指令的比率：_____
说：
上课的发言次数：_____
教师的评语：_____
同学们的反应：_____
完成课堂活动情况：_____
在与同学完成任务中承担的角色、所起的作用：_____
你学习的话题：_____
你能用这些话题完成的任务：_____
读：
阅读量：_____字／天

---

[1] 王哲：《互联网环境时代背景下的初中英语教育形态》，黑龙江教育出版社，2013，第222页。

阅读速度：_____字/分
阅读的准确率：_____
能否概括出段意：_____
生词积累数：_____

写：
自拟题写作情况（题目、词数、关键词）：_____
阶段反思：_____

2. 指导学生选择放入档案袋中的作品

听：
你最喜欢的听音材料：_____
你最骄傲的听音结果：_____

说：
你最骄傲的课堂表现记录：_____
你得到的嘉奖证明：_____

读：
你最喜欢的作品：_____
你最感兴趣的作品：_____
你最骄傲的作品：_____

写：
修改前的作品：_____
修改后的作品：_____
最骄傲的作品：_____
最不满意的作品：_____
其他：_____

学生成长记录袋中记录的学生学习情况能帮助教师了解学生学习的整体概况，从而做出教育决策。成长记录袋的评价标准是与为学生们设定的目标直接相关的，是为了评价成长记录袋的目的是否与学生作品符合，将这个计划与当前学校使用的评价过程及方法结合起来。学习档案资料的收集可以穿插于教师使用的其他评价活动中，并且通过与其他评价活动的交互过程发挥作用。

（二）成长记录的运用

1. 每名学生都要有记录

每名学生都需要有成长记录，不过不同学生应建立符合自己特点的成长记录，关注其英语薄弱面的学习过程，随时发现问题、解决问题。建立成长记录可以按照知识模块，也可以按照内容专题，由教师和学生根据学习内容的特点来确定。

2. 成长记录电子化

成长记录需要搜集大量的文本资料和非文本资料。利用先进的设备（扫描仪等）把本来属于非文本的材料电子化、图像化，使查询、展示和反馈更方便，还可以节约大量的空间。一名学生一个电子文件夹，方便快捷。

3. 成长记录与学业成绩相结合

成长记录的合理使用，能提高学业成绩。学生在学习过程中，如态度积极，对于教师的指导认真对待，能自主查漏补缺，有切实可行的学习计划和措施，并且对于学业中所出现的问题及时纠正，会有明显的进步。成长记录与学业成绩的结合主要体现在学分认定过程中。也就是说，学分认定要包括"纸笔测验＋平时作业＋课堂表现＋成长记录"。教师要关注学生的过程性学习，关注他们的每一次作业、每一篇作文、每一次测验，关注他们的每一点进步，给他们一个公平的学分。成长记录是对学生学习情况的有目的的收集，它能展示学生在一个或多个领域的努力、进步和成果。学生成长记录是评价学习努力程度、进步程度、学习过程及结果的依据，也是学生对自己学习过程反思的见证。在成长记录的创建与使用中，学生自我评价和自我反思是最重要的环节。

值得注意的是，建立学生成长记录需要师生双方长期的不懈坚持和努力，尤其是起始阶段，需要教师的引导和督促。也就是说，教师需要有意识地提醒学生明确搜集材料的目的，定期进行成长记录的更新，展开学生之间的交流，甚至争取家长的支持，以便相互借鉴、共同提高。相信随着时间的推移，成长记录会成为教与学的珍贵的第一手资料。

第四节　高校英语信息化教学中构建动态评价体系

一、动态评价的理论框架

动态评价,源自社会文化理论,主要对学习者的最近发展区予以关注,强调通过对学生学习方面的变化情况进行观察和记录,对学习者认知能力的变化过程进行了解。

一般认为,评价者通过与学生展开互动,对学习者的认知过程与变化情况加以了解,从而探究学习者潜在的能力,提供给学习者恰当的干预手段,促进学习者的全面进步与发展。因此,有人将动态评价又称为"学习潜能评价"。

与传统的评价手段相比,动态评价不仅可以将学习者的英语语言实际水平反映出来,而且在评价中,教师可以发现学习者学习中存在的问题,对这些问题进行干预,提升教师的英语教学效率与学生的英语学习水平。

不同学者对动态评价研究的视角不同,得出了不同的评价模式,归结起来,主要有如下两种:一种是干预式,即对量化指标非常侧重,教师提供的帮助是预先设计好的。一种是互动式,即对定性指标非常侧重,教师提供的帮助是师生之间展开互动。只有将两种评价手段结合起来,才能使动态评价发挥出应有的效果。

二、建构高校英语教学动态评价模式的意义

在信息技术下,科学有效的评估对于高校学生的英语学习非常重要。对于教师来说,有助于改善教学环境,促进教师对自己的教学过程有清晰的了解,改进自身的教学手段和方法,搭建师生和谐的互动平台。但是,我国现有的评价模式存在明显的缺陷。而基于信息技术的高校英语教学动态评价模式可以解决这一问题。具体来说,基于信息技术的高校英语动态评价模式具有如下两点意义:

（一）提升学生学习的积极性

对于学生来说，英语学习兴趣是最好的教师，如果能够帮助学生建构英语学习的兴趣，那么就能够提升英语教学的效果。传统的高校英语评价模式很难调动学生学习的积极性，学生往往是被动地接受知识，持有的也是一种"完成任务式"的心态，因此很难获得较好的英语教学效果。

相比之下，信息化背景下的高校英语教学的动态评价模式能够将学生的学习潜力挖掘出来，实现学生高质量的学习。实际上，学生的学习能力本身相差不大，如果采用科学的教学手段，那么就可以将不同学生的学习潜力激发出来。

同时，信息化背景下的高校英语教学的动态评价模式还可以实现师生之间的和谐互动，教师改变了以往"高高在上"的局面，与学生展开互动交流，从而将学生的英语学习积极性激发出来。

（二）培养学生的学习信心

很多学生不愿意花费大量时间在高校英语学习上，而是热衷于学习自身的专业课，这主要是因为他们存在厌学情绪，而以往传统的高校英语教学评价模式也恰好能够将这一厌学情绪放大，导致学生更不愿意学习英语，甚至放弃英语学习。

信息化背景下的高校英语教学的动态评价克服了传统高校英语教学评价模式的弊端，帮助学生获取英语学习的信心。学生通过对英语学习阶段的了解，可以建构自己对英语学习的信心。实际上，学生的英语学习信心与教师有着密切的关系，如果学校建立了信息化背景下的高校英语教学的动态评价模式，那么教师的整体水平就会提升，从而在学校、教师、学生之间实现和谐。

三、从动态评价的角度改善学生的英语学习情况

情感、师生作用、环境等因素都会导致学生的英语学习问题，下面就从动态评价的角度对高校学生英语学习情况进行改善。

很多高校学生因为语言交际中本身存在的焦虑状态以及领会能力欠缺等问题，导致高校英语学习问题，但是通过干预式与互动式可以对

其进行缓解。

语言交际的焦虑恐慌可以通过与他人交互进行缓解,交互式评价强调师生之间展开面对面的交谈。例如,教师可以将个体的口语评价划分为两大阶段。在第一阶段,主要是选择学生熟悉的话题展开交谈,对谈话内容展开静态评价,这样便于了解学生在口语学习中存在的不足之处。在第二阶段,从静态评价转向动态评价,应该采用干预式评价手段,对学习者在第一阶段存在的问题进行干预,并提供建议与帮助,这样就有助于缓解学生在口语交际中的焦虑恐慌。

在互动式动态评价中,教师可以对现阶段学生的学习动机、学习需求等差异有清楚的了解,为下一阶段学生英语学习中存在的问题进行预估,及时为学生提供干预手段。在交流互动中,教师对学生有清楚的了解,学生也会感到教师是关心他们的,从而产生满足感,愿意潜心英语学习。这样由于师生关系引发的英语学习问题也可得到改善。

信息化背景下的高校英语教学的动态评价强调学生在学习了一段时间的英语后,与前段时间的英语学习进行比较,关注如何改进自己的英语学习方法,获取理想的英语学习结果。其对学习者本身的发展非常关注,教师也从学生的动态互动中,对学生英语学习中的问题进行发现,从而改进自身的英语教学问题,对这些问题进行适当的干预,真正实现因材施教。

第六章
高校英语信息化教学中教师的专业化发展

为了适应信息时代教学发展的需求,迎合高校英语课程教学改革的需要,高校英语教师应该学会运用现代信息技术,逐步适应信息化教学环境,促进他们自身的专业化发展。在肯定信息技术促进教师专业发展的同时,也应该注意在实施过程中存在的不足与需要改进之处,只有正确认识信息技术,充分发挥信息技术的作用,才能适应信息技术,促进高校英语教学中教师的专业成长。

第一节 高校英语教师的角色

一、英语学习指导者和促进者

在新形势下,学生的学习方式发生了改变,从传统的接受学习转向自主学习、探究学习,这就需要教师也转变自身的角色,从知识的传授者转向学生学习的指导者。这是教师角色转变的跨越。也就是说,过去教师仅作为知识传授者的身份,是知识的唯一拥有者;现在学生可以从多个渠道获取知识,因此教师不再是单独的知识拥有者,这就要求他们转变角色来促进学生的学习。具体要求做到如下几点:辅助学生对学习目标进行确定,并分析如何达成目标;辅助学生养成良好的学习习惯,对学习策略进行把握;为学生创设良好的学习环境,激发学生的学习动机与积极性;服务于学生的学习;为学生营造宽容、和谐的学习氛围;与学生一起探索真理,并承认自己存在的一些失误。

随着科技的迅猛发展,知识增长的速度越来越快,学生在校期间学得的知识随着时间的推移很可能已经过时了,人们在大学阶段也不可能掌握所有的知识,因此需要不断进行终身学习,这就要求教师教授学生终身学习的能力,让他们学会自主学习。

二、英语学习帮助者与协调者

高校英语教师应该充当学生英语学习的协调者的角色,调整他们在语言学习中出现的社会关系与人际关系,营造出一种和谐的学习氛围,从而使学生的英语学习氛围更浓厚。一般来说,高校英语教师需要做到如下几点:

第一,在英语教学中,教师应该组织各种形式的互动交流,当然在交流中难免会出现争议甚至矛盾,这时候教师需要判别各方的意见,给出合理有效的评价。当然,教师不能给学生一种亲疏有别的感觉,而是以一种平等的姿态对待学生,实现教学目标效益的最大化。

第二,在课堂上,师生之间的互动、学生之间的互动过程都需要协调,减少学生在英语学习中出现的焦虑情绪,使学生处于良好的学习氛围中,轻松地发挥他们学习的想象力。

第三,高校英语教师作为协调者,不免要为学生解决一些实际问题,当学生分组展开讨论时,教师应该留意他们说的话,适当给予一些帮助,避免学生因出现挫败感而放弃英语学习。例如,学生在单词学习、篇章理解上出现困难时,教师应该给予学生词汇学习技巧、篇章理解技巧等方面的指导,教师应该充分地利用有限的时间,协调好知识传授与策略传授的关系,鼓励学生探索一条适合自己的学习策略。

三、课程研制者与教育研究者

长久以来,高校英语教师在课程改革中充当执行者的角色。高校英语课程改革要求生成动态、开放的课程,并且以学生生活为中心,这样的课程就不仅仅是文本类课程,即包含教学大纲、教学计划等在内的课程,而是一种体验类的课程,即教师与学生都需要进行体验。简单理解,高校英语课程不仅仅是知识的载体,还是师生共同探求知识的过程。教师与文化课程相结合,成为文化课程的研制者,教学也不仅仅是计划的执行者,而是文化课程内容的生成者、转化者、意义建构者。在这种新的理念下,教师的创造空间逐渐扩大。

在课程研制中,教师主要承担如下几点任务:第一,教育部门颁布的教学计划、课程标准往往比较抽象,是宏观层面的标准,因此不能直接进入课堂之中,教师需要将这些教学计划、课程标准等具体化、细化才可以。第二,学校承担着一定的课程开发责任,而在这之中,教师往往是主要的承担者。第三,教师需要对课程进行评价,教学计划是否真正地实现了可靠性,是否与课程目标的要求相符,是否能够使学生的学习兴趣和积极性调动起来,都是教师作为课程研制者需要做的工作。

另外,作为研究者,教师在具体的文化教学实践中遇到新问题之后,就需要对这些新的问题进行研究,从而找寻具体的答案。教师教学研究可以使课程、教师、教学融合在一起。我国的英语教学改革要求对课程功能进行调整,对课程结构加以优化,对课程内容进行更新,对教学方式进行变革,对课程管理模式加以更换等。英语教学不仅改变了学生的学习生活,也改变了教师的生活。教师要对英语课程进行充分的接受与理解,并不断对其中的问题加以改革与完善,这些都需要教师的主动探究,尤其是校本课程,更需要教师深入探究,这样才能使英语教学真正的落到实处。教师的文化教育研究还有助于推进教师的专业化发展,从而不断提升他们的素质与能力,提升教师的价值观与学习乐趣。教师也真正成为有能力、有思想的实践主体。教师主要在第一线工作,因此他们获得的资料也是鲜活的资料,教师的文化教育研究主要是在实践层面展开的,可以对教学内容加以丰富与充实。

四、信息资源的查询者和设计者

教学资源涉及教师、学生、教学媒介、教学内容等层面,是一个复杂的系统。要想提升教学的效果,就必须从教学设计原理出发,科学地设计教学资源与过程。当前,教师应该学会运用信息技术手段,为学生创设良好的学习情境,使自身从知识传授者的角色转向教学信息的制作、加工与处理的角色。为了让学生能够主动探索与建构意义,教师在教

学中应该为学生提供各种学习资源，而要想设计这些信息资源，就需要教师自身的信息素养，即将技术与教学资源紧密融合。另外，教师还要学会运用教学课件，包括制作网络课件脚本，帮助教育技术人员制作课件，对教学信息加以浏览下载等，从而帮助学生进行自主学习。

第二节　高校英语教师的信息素质

一、高校英语教师信息素质的特点

关于高校英语教师的信息素质，可以将其理解为高校英语教师在教学过程中所用到的一种特殊能力，这种特殊能力涉及在高校英语教学活动中信息技术的运用以及相关教学任务的完成等方面，其中又进一步蕴含着若干子能力。

高校英语教师的信息素质是在其信息化实践知识的基础上建立起来的，其要获得进一步的发展，就对信息化情境有一定要求。关于高校英语教师信息素质的特点，可以大致归纳为以下几点：

（一）复合性

高校英语教师的信息素质所涉及的具体能力是各个方面的。比如，从基本的教学方面来说，不管是知识、技能的传授能力还是实践能力，不管是针对高校英语教师发展的能力还是促进学生信息化学习的能力，不管是什么级别的信息能力等都属于高校英语教师的信息素质的范畴，这就将其复合性特点体现了出来。

尽管传统意义上的高校英语教师也具有复合性能力，但是信息素质与之是存在着差异性的，这与信息技术要素的动态介入有着直接的关系。在信息化的学习环境中，对高校英语教师驾驭教学的能力有着更高的要求，期待高校英语教师的教学能力能够尽可能地全面。具体来说，要求高校英语教师要有信息化教学知识内容的传授能力，更要具备促进不同学习风格和不同学习策略的学生实现信息化学习的能力。由此可见，高校英语教师的信息素质具有综合化、多层次化的特点。

（二）关联性

高校英语教师应该具备的信息素质，并不是指某一种能力，而是众多子能力的综合，并且这些子能力之间是相互联系、相互影响、相互作用、彼此关联的。

第一，高校英语教师的信息素质是在基本的教学能力基础上实现的。基本的教学能力主要涉及驾驭学科教学内容的能力、一般教学法的相关能力、基本的教学技术能力等。

第二，对于高校英语教师来说，其信息素质主要涉及英语学科内容能力、信息化英语教学法相关能力等，这就在一定程度上将高校英语教师教学能力形成与发展的融合性特点体现了出来。

第三，高校英语教师的信息素质的发展是呈递进形式的。另外，在不同的发展阶段高校英语教师的信息素质是有着不同的侧重点的。要想使英语教师的信息化教学子能力得到良性发展，在动态的发展中寻求新的平衡与协调是重要途径之一。

（三）发展性

信息化带来时空结构的变换，对高校英语教学的整体发展起到促进作用，也促进了高校英语教师综合素养的发展和提升。

（1）高校英语教师不仅要具有信息素质，还要不断发展，这样才能更好地适应不同的、复杂的信息化教学情景与信息化教学实践，也才能使不同的学习对象的不同学习发展与能力要求得到较好的满足。

（2）在当今这个信息化社会中，信息技术更替周期逐步缩短，信息化学科教学与相关的教学方法也要处于不断发展变化的状态，这样才能使高校英语教师教学能力变化发展的需求得到满足，才能与新技术、新工具、新方法带来的变革相适应。

（3）高校英语教师的专业发展呈现出动态性、终身性的显著特点，这也在一定程度上将信息化社会的特点反映了出来。高校英语教师要想得到专业化的成长，要求其要根据不同的职业发展阶段来不断发展和优化自身的教学能力结构。高校英语教师信息素质的发展具有一定的导向作用，这主要体现在高校英语教师信息化教学智慧的创造方面。

（四）情境性

在信息化社会中,高校英语教师信息素质的形成与发展是在一定的信息化教学情境中才能发生的,这就赋予了其显著的情境性特点。对于同一教学对象、同一教学内容,在不同的信息化教学情境实践中开展的学习活动,对高校英语教师的信息素质有着较高的要求,为了使二者有良好的适应性,需要高校英语教师的信息素质也必须是多样的。高校英语教师的信息素质是依赖于信息化教学情境中主体实践的体验的,因此高校英语教师信息素质的发展在信息化教学情境体验方面是有一定的要求的,否则发展就无法实现。

二、高校英语教师信息素质的层次

高校英语教师信息素质包含三个层次:

（一）第一层次:知识基础

第一层次的知识可以大致分为以下几个方面的内容:

（1）学科知识。所谓的学科知识,主要是指英语专业的知识、概念、理论、方法以及相关联的学科理论内容等,对于高校英语教师来说,则是其从事高校英语教学的专业知识准备。

（2）一般教学法知识。一般教学法知识所指的通常就是英语教学的一般性原理、策略和方法等。这方面知识的主要功能在于,完成教学的准备、教学的实施、教学的管理、教学的评价以及对教学目标和教学过程的认识等,从而进一步对教师教学和学生学习起到促进作用。

（3）学科教学法知识。学科教学法知识,实际上是两方面知识的综合,即主要是学科知识和一般教学法。

（4）教学技术知识。教学技术知识,大致主要是指教学媒体和教学手段的应用知识。这方面的知识包含对各种传统教学技术和先进科学技术的应用。

（二）第二层次:知识主体

第二层次的知识所包含的内容主要有以下两个方面:
（1）信息化学科知识。教学技术与学科知识相互融合后的知识,就是所谓的信息化学科知识。教学技术的功能在于使学科知识以信息化的方式更方便、更灵活地表达、呈现与扩展。

（2）信息化教学法知识。教学技术与一般教学法融合后产生的新知识，就是所谓的信息化教学法知识。在教学活动中应用一定的教学技术之后，就会在一定程度上使高校英语教学中的要素发生相应的变化。比如，原有的教学法有所巩固拓展，一些新的教学方法产生等。

（三）第三层次：最高知识要求

第三层次的知识所包含的内容主要有以下两个方面：

（1）信息化学科教学法。教学技术与学科知识、教学法融合后产生的一类知识，就是所谓的信息化学科教学法知识。这类知识是特殊的，主要表现为其是高校英语教师信息素质的最高知识要求，也是高校英语教师信息素质发展中，教师获得知识的最高境界与追求。

（2）教师信息素质的知识核心。一般的，处于高校英语教师信息素质知识核心地位的内容主要有四个方面，分别是信息化学科知识、信息化教学法知识、信息化学科教学法知识、教学技术知识。

第三节　高校英语信息化教学中促进教师的专业化发展

一、教师专业发展的概念与特点

（一）教师专业发展的概念

关于教师专业发展的概念界定，因研究的逻辑结构与选用方法不同而呈现出不同的表述。有学者认为："教师专业发展就是教师的专业成长或教师内在专业结构不断更新、演进和丰富的过程。"[1] 也有学者指出，教师专业发展是指"教师个人在历经职前师资培育阶段、任教阶段和在职进修的整个过程中都必须持续地学习与研究，不断发展其专业内

---

[1] 叶澜，白益民，王枬等：《教师角色与教师发展新探》，教育科学出版社，2001，第208页。

涵,逐渐达到专业熟练的境界"①。从以上对教师专业发展内涵表述的比较中,我们可以看到以下一些共性特征:第一,都强调教师专业发展要素的内生性和自觉性。第二,都重视基于教师专业发展过程理解的阶段性与动态性。第三,都承认教师专业发展状态的非终结性。

基于以上分析,我们认为教师专业发展是指以教师专业自觉意识为动力,以教师教育为主要辅助途径,实现教师的专业技能素质和信念系统不断完善、提升的动态发展过程。

(二)教师专业发展的特点

教师专业发展的特点主要包括以下几方面:

1. 独特性

每个人都是独一无二的生命个体,每位教师都有自己的教育观念、情感倾向、认知风格和心理素质等,因此教师的专业发展带有明显的个人特征,具有独特性。这种独特性表现在专业发展的速度、程度以及发展的途径、方式和内容等方面。在教师专业发展过程中,有的教师这方面发展得好,有的教师那方面发展得不错;有的教师发展得快,有的教师发展得慢;有的教师喜欢通过这种方式来提升自己,有的教师则习惯于通过那种方式发展自身。每位教师在专业成长过程中受教学环境、知识经验、个性特点等多方面因素影响,会形成独具个人特色的知识观、学生观、教学观以及教学风格。

2. 自主性

自主就是自觉、主动地做事,即自己做主。教师专业发展的自主性主要表现在两个方面:

第一,发展的动力是内在的而非外在的,是"我要发展"而不是"要我发展"。教师能不能发展,通过什么途径发展,在哪些方面获得发展以及发展到什么程度等,最终都取决于教师自身。如果教师缺乏内在的需求、情感和意志,就难以产生专业发展的动力。

第二,教师凭借自主发展的意识可以增强对自己专业发展的责任

---

① 朱宁波:《中小学教师专业发展的理论与实践》,吉林人民出版社,2002,第67页。

感,不断寻求自我发展的机会,逐渐获得自我发展的能力,从而进行富有创造性的教育教学实践。

3. 阶段性

教师的专业发展过程具有明显的阶段性,在不同的发展阶段,教师会呈现出不同的发展动机、需求、水平和结果。教师专业发展过程的各个阶段不是彼此孤立、互不联系的,而是相互衔接且呈螺旋上升的。

4. 情境性

教师专业发展必须与教学实践、教育情境相联系,因为教师理解专业知识离不开对教育教学活动的感悟,增强专业技能离不开在教育教学实践中的历练,专业信念的巩固更是离不开教育教学情境的陶冶。教师对教育教学问题的识别,对能够做什么及需要怎么做等问题的判断,皆受制于特定的情境。教师专业发展是教师与工作情境互动的过程。教育情境具有不确定性,也富有挑战性,教师需要通过观察和反思复杂教育情境中各要素及其动态的关系,不断学习、迁移、重组、传承和转化知识,才能获得发展。

5. 终身性

教师专业发展是一个长期的、贯穿教师终身的持续发展过程。这主要表现在以下两个方面:

第一,生命个体的不确定性和生成性决定了教师专业发展具有终身性的特点。教师自身处于不断发展的过程中,教师的成熟只是相对的,发展才是绝对的,教师专业发展贯穿教师职业生涯的始终。生命不息,发展不止。

第二,知识的不确定性和高更迭性决定了教师专业发展具有终身性的特点。知识日新月异、教学环境瞬息万变,教师只有不断更新观念,以终身学习为基本理念,拓展知识面,完善知识结构,磨砺思想品格,沉淀人文底蕴,提升专业素养,才能适应不断变革的社会对教师职业的要求。

二、信息化时代高校英语教师专业发展的策略

（一）完善教育手段，构建教育体系

1. 完善高校英语教师职前教育的课程体系

科学、合理的课程体系是高校英语教师职前教育效果的直接决定因素之一。当前，我国高校英语教师职前教育课程体系存在着结构失调、难以兼顾理论学习与实践技能训练等方面的问题。这些问题的存在往往是教育理念和教育模式不合理等因素造成的，只不过通过课程体系的设置直接反映出来。因此，今后的改进方向应是在高校英语教育理念的指导下，改革相对落后的高校英语教师职前教育模式，构建高层次、多元化及开放式的高校英语教师职前教育课程体系。具体内容包括：一方面，增加人文类课程，拓宽公共基础课，加强通识教育，高校英语教师作为一种特殊职业，承担着教书育人的职责，良好的人文素养和宽阔的视野对于保证其教书育人的质量至关重要，因此在开展高校英语教师职前教育时更应该重视通识教育；另一方面，适当精简学科类课程，合理分配专业比重，加强对教育专业课程的重视，在高校英语教师职前教育阶段，学生在进行学科英语专业知识学习的同时多了解一些与教育心理、教育管理、教育评价、课程理论等相关的教育专业基础知识非常必要。

此外，在高校英语教师职前教育中探索和创设更多的一体化课程也很重要。所谓一体化，就是为了适应学习化社会的需要，以终身教育思想为指导，根据高校英语教师专业发展的理论，对教师职前和职后教育进行全程的规划设计，建立起高校英语教师教育各个阶段相互衔接，既各有侧重又有内在联系的教师教育体系。课程设置的内容既要注意不同阶段的针对性，也必须考虑区分不同教师的水平分层实施。最后，适当增加实践学习课程（教育见习、实习）的比重，强化教育实践环节。英语教育实践课程是高校英语教师职前教育课程中的重要组成部分，在教学实践中为学生提供大量的机会，帮助其运用掌握的知识和技能于实际教学中，通过自身的努力充分将理论与实践整合。

第六章 高校英语信息化教学中教师的专业化发展

2. 丰富高校英语教师职前教育的实施途径

教师承担着为国家和社会培养未来建设人才的重任,对于任何国家和社会来讲都是具有长远战略意义的职业。因此,高校英语教师教育工作者都应该树立积极吸引最优秀人才加入英语教师队伍的目标。一直以来,依托于各级各类师范院校进行的师范生教育始终是我国英语教师职前教育的主要实施途径。自2007年开始,国务院决定在教育部直属师范大学实行师范生免费教育政策,目的就是通过试点,积累经验,建立制度,鼓励更多优秀青年参与到国家的教育事业中,为培养造就大批优秀教师和教育家奠定基础。这一举措可以说是对我国高校英语教师职前教育的师范教育途径所做的进一步推动和强化。通过对国际上高校英语教师职前教育实施主体和途径的分析可知,在其他很多国家(尤其是西方一些教育相对比较发达的国家),高校英语教师职前教育的实施途径其实相对比较丰富,除了专门的师范院校之外,综合性大学的教育学院以及其他各种相关的教育培训机构都可以作为高校英语教师职前教育的渠道。确实,由于长期的发展,我国的师范院校已经形成了比较完备的由教育部直属师范院校、省属师范院校和市属师范院校组成的三级师范教育体系。但是,伴随我国经济社会快速发展带来的人才需求增加,仅仅依靠传统的师范院校来培养教师的单一渠道越来越难以满足国家对更高水平、更大规模人才的需要。高水平大学和其他非师范类高校可以发挥其学科优势、人才优势和多学科综合的优势,积极参与到高校英语教师职前教育体系中来,实现高校英语教师队伍来源的多元化,为高校英语教师队伍建设带来生机与活力。因此,今后如何推进师范院校转型,吸引和鼓励高水平大学和综合性高校参与到高校英语教师职前教育工作中来,丰富高校英语教师职前教育的实施主体和实施途径,形成高校英语教师职前培养市场的开放竞争格局,促进开放灵活的高校英语教师教育体系逐步形成,将是我国未来高校英语教师职前教育改革的重要方向。

3. 改进高校英语教师职前教育的评价体系

效果评价是高校英语教师职前教育工作中至关重要的一环。我国传统的高校英语教师职前教育对这一环节的重视往往不够。在对高校英语教师职前教育的效果进行评价时,很重要的一点就是培养的师范毕业生或"准英语教师"的能力素质水平是否能够满足高校英语教师职业的需要。然而,传统的高校英语教师职前教育对毕业生的能力素质进行评估时往往过于侧重学科专业知识掌握程度的考查,而对更深层次的职业素养、态度和人格特质等重视不够。这样的直接后果就是造成对高校英语教师职前教育效果的评估缺乏全面性,不能准确地反映高校英语教师职前教育工作的真实效果。因此,在今后的改革和发展过程中,如何加强对上述深层次内容的考查和评估,将是我国高校英语教师职前教育评价体系改进的重要方向。

(二)实施校本教研,建构校本教研制度

建立学习型学校,是推进校本教研制度建设的基本前提和重要任务。学习型学校是指通过培养弥漫于整个学校组织的学习气氛、充分发挥学校成员的创造性的能力而建立起来的基础的组织。教师个人的自我反思、教师集体的同伴互助、专业研究人员的专业引领是开展校本研究和促进高校英语教师专业化成长的三种基本力量,缺一不可。

1. 正确实施校本教研

大力推动校本教研必须大胆创新,多策并举,全面推进校本教研的深入开展。

(1)创建学习型组织。努力创建学习型组织,实现教师角色转变,使之与新课程共同成长。建立教师研究课制度,搭建论坛、沙龙、研讨会、课改专栏、教师博客等一系列交流平台,引导教师敢于思辨,正面交锋,立足课堂,催生智慧,营造浓郁的研讨氛围,形成一个个智慧共生的"学习共同体"。

结合高校英语教学的特点,高校英语教师用英语组织和参与沙龙效果最好。每次一个备课组准备并负责组织,活动内容多样化,有话题辩论、教学法讨论、案例交流、点子帮助等。

(2)教学反思。积极倡导叙事研究,促进教师自我反思,形成自我构建,转变教学观念和行为。教师每个人都有体现自己失败与成功、反思与飞跃的教学反思等,记录了发生在课堂上的故事,这些凝聚自己教育智慧的表达,在教育叙事中提炼的经验,通过相互交流启迪,获得共同发展。

(3)专业引领。适时进行专业引领,给予科研指导、疑难咨询和教学示范,不断提升教师的理论修养。可以邀请专家学者来开讲座、参与课题研究、帮助总结经验、建立教学资源库。学校还应注重发挥骨干教师的专业引领作用,使校本教研获得多方智力支撑。

(4)文化研修。深入开展文化研修,让文化精神和价值追求照亮教师的心扉,使每位教师感受到先进教育理念的文化光辉。学校要关注教师的生存状态和精神追求,在构建共同愿景中重塑教师的职业价值观,实现教师生存状态的升华,提升教师职业生活的品位。

(5)课题研究。不断推动课题研究,解决本校突出问题,打造学校办学特色,持续提高教育教学质量。课题研究已经成为推进校本教研的重要抓手,成为提高教育质量和教学效益的重要手段,成为提高教师专业水平的重要途径,成为出名校、名教师和改变薄弱学校面貌的重要保证。

实施校本教研要以更新观念为先导,以科研兴教为特征,以制度考核为保证,以专题研究为依托,以案例分析为切点,以成果转化为契机,在教育实践中大胆发现课题,积极开展研究。校本教研与课程改革、课题研究、教育实际紧密结合,就能产生积极的效益。

2. 校本教研层次架构

校本教研是一个多结构、多层次、多序列的复杂系统,个体的教师、学科、学校,由于受信息、资源、能力等各个方面的限制,很难将这一系统运转到极致。学校作为其中最基本的一个维度,是校本教研一切活动的出发点和最终归宿。学校应采取层级推进的办法,建立"自下而上"四级教研体系。

(1)自主研究。以教师个体为主体的"自主研究"倡导"教师人人都是研究者""问题即课题、教学即教研、成长即成果"等理念,鼓励教师在开放自我、与人互动基础之上走经验加反思的成长之路,形成实践—反思—再实践—再反思的良性循环。教师通过创新性的反思生成教学智慧,提升自己的专业水平。

(2)案例研究。以学科组为单位的"案例研究"要求构建教学成员共同体,加强以关注诱发学习活动动力为核心的集体备课;以焦点或问题为导向,关注课堂教学经验,促进教师专业知识和行为技能的发展;通过模拟或随堂听课,开展情境学习,体验课改先进教师的教学方法,从而提升学习者实施新课程和搞好校本教研的能力,促进专业发展。

（3）专题研究。以教研组为单位的"专题研究"要求针对本学科教学中的共性问题，结合学科特色围绕某个主题而展开，发挥群体资源优势，交流探究、合作互动，引导教师由经验型向研究型过渡，走上科研型教师的专业成长道路。

（4）课题研究。以学校为单位的"课题研究"要求不但可以更好地实施校长的改革理念，针对学校亟待解决的问题和追求的目标，以科研的态度和方法对学校发展进行科学规划，构建科研总课题和子课题，在宏观上给予科学、总体把握，而且可以在同伴互助、常规指导、示范观摩和经验交流等方面发挥重要作用，更好地整合全校的资源，形成雄厚的校本教研力量，有效地解决本校校本教研中普遍性的问题。同时可以更好地提炼、总结学校的成功经验，物化校本教研成果，推动工作不断向更高阶段发展，此外也更有利于吸收外界营养，吸纳智力支持，更好地实现专业引领。

（三）开展行动研究，注重教育实践

近些年来，行动研究在我国高等院校开始得以重点发展，特别对教师教育形成了专业教育的主要途径。人们开始学习行动研究的基本原则、研究步骤，了解行动研究的做法，关注和尊重他人的调查。根据行动研究结果，人们可以阐明评估项目的可行性研究，提出改进教师专业发展活动的实施方案，最终达到教师持续专业发展的长远目标。当今行动研究不仅用于教师的专业教育，而且在教育管理和组织研究、社会工作和其他专业背景等方面均有所研究。

行动研究是被越来越多地从业人员采用的一种方法，这种方法能够监督人们的生活和环境。在国内，行动研究最初由北京师范大学王蔷教授进行研究并且取得了显著成果，其专著《英语教师行动研究——从理论到实践》的出版不但从理论上阐述了行动研究对英语教师发展的重要指导意义，而且从实践的角度介绍了教师如何在自己的课堂上开展行动研究。目前，在我国的教育教学和教师教育改革中，行动研究已经成为一个备受关注的课题，正逐步成为实现教师专业化发展的重要途径之一，我国广大教育工作者也逐渐地理解和接受并践行这一理论，尤其是对现阶段高校英语教师的发展方向产生了一定的影响。

我国学者普遍认同，行动研究是一种以教育实践工作者为主体进行的研究，以自己在实践中所发现的问题来进一步改进教育实践。

卡尔霍恩(Calhoun E. F.)提出了"行动研究循环"方法,具体包括选择一个领域或感兴趣的问题,收集数据,组织数据,分析和解释数据并采取行动(图6-1)。

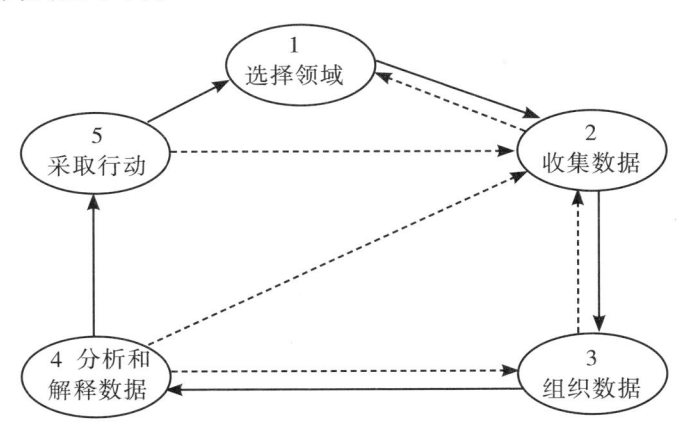

图6-1 行动研究循环[①]

我们应该知道,行动研究有着不同的方法,但它是一种真正的科学探究的方法。尽管诸种定义表述各异,常常发生分歧,但有关行动研究所强调的精神却是一致的,即强调行动研究的重点是:如何做,谁来做,为什么,可能的结果是什么。同时,行动研究者则一致认为,行动研究是基于一定的原则的,是以解决现实中的具体问题为目标。

我们可以从以下几方面帮助教师自我发展:

(1)提高在教学环境下对教育与教学理论原理知识的认识。

(2)提高教师与教师、学生与教师、教师与管理人员合作的重要性的认识。

(3)通过教师发起的行动研究,开展课程。

(4)提倡教师进行反思性教学和自我评价。

(5)提高教师在行动研究中的角色意识。

以行动研究这一新的方式进行工作,可能会优于大多数教师之前的工作方式,这更符合教师发展的希望。教师们生活在他们的价值取向中,仍然有很长的路要走。教师们需要注意,也许在解决一个问题的同时,没有预料到的其他问题已经出现了。这是无止境的,也是自然发展

[①] 孔繁霞:《行动研究与教师专业发展:大学英语教师方向》,东南大学出版社,2013,第6页。

的实践准则,更是进行行动研究的乐趣之处,因为问题是永远存在的。

(四)提升教师魅力,提高教学能力

教育的问题首先考虑的是教师的问题,当然,高校英语教学也不例外。高校英语教师在教学中起着指导者的角色,教师要引导学生认识学习、认识社会,教师也需要对自己进行严格的要求,逐渐使自己成为学生学习的榜样。

1. 提升自己的人格魅力

在教学中,教师的人格对教学情绪、学习效果产生直接的影响,那么教师该如何提升自身的人格魅力呢,主要在于坚持"四心"。

(1)敬业之心。第一,教师要对自己从事的职业有清晰的认识,即认识自己职业的意义,认识到教师需要付出自己的努力,无私奉献自己。第二,教师需要对自己的职业忠诚。随着科技不断发展,知识更新换代快,教师应该树立终身学习的观念,不断提升自身的能力和水平。教师需要用自己的智慧吸引学生,让学生悦纳自己,以高度负责的姿态,真正起到表率的作用。

(2)爱生之心。爱心是促进学生不断成长的法宝。在工作时,教师不仅要传授给学生基本的知识,更重要的应该是培养学生,教会学生做人。教师需要有一颗热爱学生的心,只有真正地热爱学生,教师才能正确地看待学生。很多高校学生英语基础比较薄弱,这就需要高校英语教师付出努力,保持工作的耐心,不能因为学生犯错就对学生置之不理,而是应该真正地爱学生,将自己的情感融入学生,这样才能与学生建立友好的关系,让学生相信自己,愿意去学习。

(3)健康之心。当前的社会节奏非常快,人际关系也非常复杂,这也给教师带来了极大的影响。尤其是现在很多家长对教师的期待很高,因此教师的压力也非常大。除了这些压力,教师还会面对自身工作、生活的压力,如教师待遇、教师工作性质等。

在学校中,学生与教师接触的时间比较长,教师的行为对于学生来说有直接的影响,是学生最为权威的榜样,教师的心理是否健康、能否承受住压力对于学生来说也至关重要。对于高校学生的英语学习来说,本身比较困难,因为他们将更多的精力放在了专业课的学习上,但是一旦步入社会,英语又是不可或缺的一部分,因此面对这样的压力,很多学生心理上容易产生压力,教师需要从积极的方向引导学生,这就要求教师首先具有一个积极健康的心理,自身保持积极的心态面对自己的工作,让学生看到榜样的力量,学会自我调节,从而也能树立健康的身心。

(4)进取心。时代不断发展,社会不断进步,教师需要具备一颗进取心。如果一名高校英语教师仅仅有专业知识,显然不能满足当前高校英语教学的需要,因为高校学生步入社会之后运用到的英语知识,往往和专业密切相关,属于专业英语,因此教师除了要具备渊博的英语知识外,还需要涉猎其他各个方面的知识,这样才能提升高校英语教学的质量和水平。

2. 扩展自己的英语学识

高校英语教师是英语知识的传播者。当今社会,知识不断更新,教师需要不断拓展自己的视野,对自己的知识结构加以完善,提升教学的质量,树立终身学习的理念。这是提升高校英语教师素质的基本要求。

(1)广博的知识。作为一名英语教师,首先需要具备渊博的英语知识。如果教师不扩展自身的知识,在课堂上往往会表现得捉襟见肘,课堂也显得平淡无奇,无法激起学生的学习兴趣。随着教学改革不断深化,科技不断进步,高校英语教师需要扩展自己的综合知识,注重知识的应用。教师只有对广博的英语知识掌握清楚,做到融会贯通,才能学会积极思考,发现问题并解决问题。

(2)先进的理念。英语教师具备广博的知识是他们开展教学行为的前提和基础。先进的英语教学理念是展开英语教学的灵魂。只有基于先进英语教学理念的指导,教师才能不断更新教学观念,提升英语教学的境界,为英语教学指明新的方向。在教学模式下,基于先进教学理念的指导,英语教学才能从"授业"转向"授业+传道",提升学生的英语素质,促进学生的综合发展。

随着社会不断发展,很多先进的英语教学理念应运而生,这就需要教师提升自己的敏感性,能够真正地做到与时俱进。教师需要从学生实际、专业实际出发,在教材内容的基础上融入当前的时事,这样不仅能够传授给学生基本的英语知识,还能激发学生学习的兴趣和积极性,从而获得成功。

(3)双师的素质。高校英语教学的特色在于提升学生的英语技能。当前,作为一名高校英语教师,需要具备双师素质,即教师不仅要掌握渊博的英语理论知识，还要能够运用理论知识指导实践；不仅可以从事理论教学，还可以对学生的英语学习实践进行指导。也就是说，高校英语教师只有将自身的实际工作能力与英语课程整合起来，才能将理论知识讲活，为学生的专业课学习打下基础。

为了提升教师自身的实践能力，广大教师应该参与到具体的实践中或者利用假期参与培训学习，从而提升自身的实践水平，以便于更好地指导自己的学生。同时，在学生的实际训练中，教师能够娴熟地展开讲解，从而激发学生的兴趣，使学生真正地获取英语知识与技能。

（4）科研的能力。高校英语教师还需要具备一定的科研能力。教学中如果没有科研作为底蕴，教育就如同没有灵魂一般。科研工作对于高校英语教师来说，无疑是在拓展自身的专业知识、对自己的学科结构加以丰富、提升自身的教学能力和水平。教师开展科研工作，可以让自己更加主动、自觉地思考教学中存在的问题，从而获取新知识，寻求解决问题的方式和方法。

高校英语教师需要认识到科研的作用，不断提升自身的科研能力和水平，具体来说，主要培养如下五种能力：第一，获得信息的技能。第二，广泛地进行思考的能力。第三，勇敢地攻克难关的能力。第四，勇于创新的能力。第五，将成果进行转化的能力。

3. 提高自己的英语教学能力

学校的学习不是将知识从一个脑袋装进另外一个脑袋，而是教师与学生之间每时每刻都在进行心灵的接触。教育属于一门艺术，课堂教学是教师彰显魅力的体现，其中最为关键的魅力就是上好每一堂课。高校英语教师要想让自己的课堂更有魅力，应该从师生之间的交流展开。如果英语课堂中没有交流，那就称不上真正的课堂教学。高校英语教师要想让自己的课堂更有魅力，应该多与学生之间展开对话与共享，一起发现问题、解决问题。当然，英语课堂也必须是真实有效的，拒绝花架子的课堂，其中需要融入基础知识的讲解、思维的拓展、真实的教学活动，能够用最短的时间将知识传授给学生，让学生学到好的知识与技能。具体来说，高校英语教师的英语教学能力主要体现在如下两点：

（1）个性化的教学设计。高校英语课堂教学的能力首先体现在对英语教学的设计上。所谓教学设计能力，即教师在开展英语教学之前，从英语教学目的出发，设定英语教学程序，制订英语教学方法，选择恰当的英语教学内容。当前,很多教材都包含现成的教学课件,因此很多教师在教学设计上并未付出辛苦,而往往拿现成的课件展开教学。但是,真正的教学设计要求教师能够吃透所要教授的内容,对学生的学习状态有清楚的了解,从而确定教学目标,选择恰当的方法,设计出独特的教学思路。高校英语教师进行教学设计的过程,实际上就是创造的过程,要求灵活、简洁,真正做到以学生为中心,并且在设计时也要体现出预见性。

(2)整合性的教学能力。所谓整合性教学,即要求在教学中将学科的各个环节与要素、不同方法有机地整合在一起,使教学更具有程序性。整合性教学要求教师拥有良好的知识结构,具有程序化的教学技能,具有丰富的教学策略,能够付出较少的努力就可以完成各项教学任务,帮助学生实现英语学习。

高校英语课堂教学的首要任务就是激发起学生英语学习的兴趣,吸引学生的注意力。现在的高校英语课堂中存在很多低头族,并且已经成为高校中的一道"亮丽风景":不管讲台上教师讲得多么用心、用力,下面的学生多数在玩手机、刷微博、看朋友圈等,他们可能忘记带教材,但是也不会忘记带手机和充电宝。面对这样的高校英语课堂,教师需要对其进行有效的组织。

另外,在语言上,教师应该确保表达的准确性与针对性,做到突出重点、清晰精练。教学技能也要不断提升和创新,要时时改变授课手段,延伸教学模式,创新考核手段。

4. 修炼自己的形象魅力

近些年,不断出现"最美教师",这说明进入新时代,大家对任何职业都有了较高的要求,不仅仅对教师的能力有要求,对教师的形象也有要求。在新时代,教师应该具有朝气,这主要体现在教师也应该努力追求美,外在美、仪表美也是能够吸引学生的一大关键。外形仪表体现的是一名教师的气质、素养以及审美观,也能表露出美好的心灵。教师清丽脱俗的气质、优雅的风采、巧妙的语言、豁达的性格等,往往能够吸引学生的注意力,陶冶学生的思想情操。

(五)培养高校英语教师的信息化教学能力

关于高校英语教师的信息化教学能力,要想有效促进其发展,需要采取相应的培养和发展策略。这方面的策略有很多,为了便于理解和操作,可以将这些培养策略大致分为三个方面:一个是促进高校英语教师信息化教学能力发展的外部环境条件——宏观策略;一个是促进其发展的方法论——中观策略;还有一个是促进其发展的内部系统和直接条件——微观策略。每一个策略又包含很多具体的内容。

1. 宏观策略

高校英语教师信息化教学能力培养的宏观策略,主要包含社会发展的需求、国家政策的保障、教育改革的引导、学校组织的支持以及教师成长的动力这几个方面内容(图6-2)。外部环境的建设是高校英语教师信息化教学能力培养发展的重要基础。

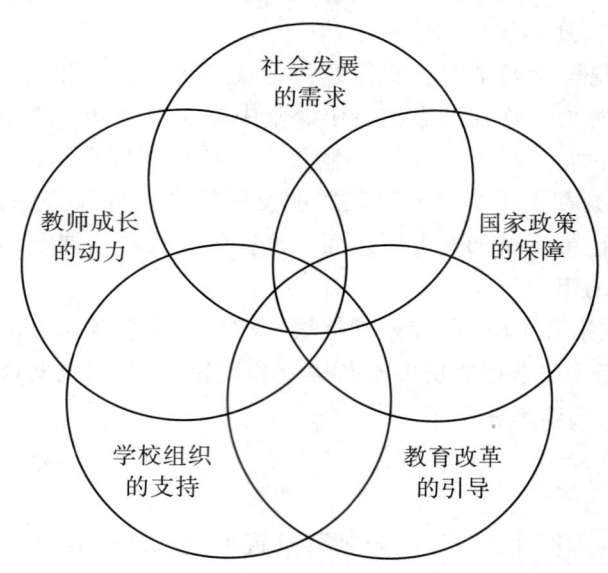

图6-2 高校英语教师信息化教学能力培养的宏观策略

(1)社会发展的需求。信息化社会的一个显著特点就是信息量激增,知识更新周期缩短。对于英语教学来说,教育的信息化已经渗透其中,因此,作为教育实施者的高校英语教师信息化教学能力的培养至关重要。信息化社会对信息化人才的培养要求是要具有创新精神和实践能力,从高校英语教师自身的角度来说,自身的信息化发展就显得尤为重要。可以说,高校英语教师信息化教学能力的培养,不仅是信息时代对高校英语教师的能力要求,同时也是信息技术深入渗透教育的发展需要。

（2）国家政策的保障。关于国家在政策方面对高校英语教师信息化教学能力培养策略的支持与保障，主要从相关通用教师教育技术能力标准的颁布与实施、教师相关信息技术能力的国家层面的培训项目支持等方面得到体现。从国家政策保障层面来说，高校英语教师信息化教学能力的培养和发展，要重视高校英语教师教育技术能力中教师信息化教学能力相关的明确要求，根据实际情况来对教师相关能力标准的规范进行适当调整，同时，不能忽视教师相关能力的培训、考核与认证等方面的工作内容。经费投入也是需要重点关注的方面，由此来保证高校英语教师信息化教学能力发展的基础和条件。这样才能从政策和资金等方面有效保证高校英语教师信息化教学能力的培养和发展，使其多层面和终身化的实现得到保障。

（3）教育改革的引导。教育教学的改革成为现代社会促进教育教学发展的一个重要路径。应该说，教育教学改革在课程体系、实践教学、教学方法策略等方面已经有了很大的改革与提升。高校英语教师教育改革往往跟不上基础教育课程改革的步伐，这在高校英语教师相关信息技术能力的培养和发展过程中也有着突出的表现。因此，高校英语教师信息技术能力的相关培养和发展，不能仅仅局限于教师信息化教学能力的提升，也要涉及其能力标准、相关教学评价以及相关科学研究等各个方面。

（4）学校组织的支持。学校是教师教育教学活动的场所，教师教学能力的发挥也需要在这样的平台上来实现。对于高校英语教师信息化教学能力的培养与发展来说，这一目标是需要在一定的支持条件下才能实现的，而重要的条件之一就是学校组织的支持。具体来说，这一支持包含着丰富的内容，如校长的支持、资源的准备、培训的参与、教学的交流等。

（5）教师成长的动力。高校英语教师的信息化教学能力培养和发展要具备重要的条件，这一条件主要是指外部因素，而起到关键性作用的是内因。换言之，高校英语教师自身必须具备培养和发展的最终内驱力，才有可能实现信息化教学能力培养和发展的目标。一般来说，高校英语教师信息化教学能力培养和发展的内因主要包括高校英语教师自身的自信心、正确的态度、时间保证、知识的准备等。同时，信息化社会高校英语教师的专业成长需要，也对高校英语教师信息化教学能力的培

养和发展起到了积极的促进作用。

2. 中观策略

高校英语教师信息化教学能力的培养与发展,在方式、方法和策略方面也有一定的需求,也就是要有促进其发展的方法论,即教师信息化教学能力发展促进策略的中观层面。在这一层面中,促进高校英语教师信息化教学能力培养与发展的关键环节是职前培养、教学实践、在职培训、协作交流、自主学习。关于高校英语教师信息化教学能力培养与发展的中观策略,主要有以下几个方面:

(1)职前培训与在职培训相结合。教师信息化教学能力发展是一个系统的过程,并且整个发展过程实现了动态、开放、多元、协作、终身能力发展的转变。职前培养与在职培训在高校英语教师信息化教学能力培养和发展的过程中是非常重要的环节,二者之间有着紧密联系。其中,职前培训所涉及的主要是高校英语教师的技术知识、技能的学习和模仿,虽然也有一些教学实践环节,但总体上要以高校英语教师信息化教学知识和技能的获得为主;在职培训所涉及的内容主要为知识、技能在新情景中的动态应用实践,当然也包括一些技术知识、技能的学习。

(2)传统方式与网络在线相结合。在现代信息化社会中,尽管获取学习信息资源的渠道已经多元化,并且对高校英语教师信息化教学能力发展的网络在线途径的重视程度比较高,但是,传统的方式也不能完全被忽视,也要适当采用,从而保证其知识获取、教学经验分享、教学研讨、协作教学等的顺利实施,实现与传统方式的有机结合。

(3)技术知识与实践应用相结合。高校英语教师信息化教学能力的获取,是由处于基础性地位的高校英语教师技术知识,经过教育教学实践,而转化成的教学应用能力,因此也可以将高校英语教师的信息化教学能力,理解为英语教师技术知识与实践应用相结合的结果。这两个方面,缺少了任何一方,高校英语教师的信息化教学能力都不可能实现,因此将二者有机结合起来是非常有必要的。

(4)自主学习与协作交流相结合。在信息化社会,高校英语教师不仅要有自主学习的意识,还要有自主学习的能力,这样才能与社会发展变化和教师专业成长的需要相适应。高校英语教师信息化教学能力发展所具有的开放性、动态性、终身性特征,都离不开高校英语教师的自主学习能力。信息化社会的高校英语教师同样也需要具备协作交流的素质,这主要包括两个方面的内容,一方面是教师同行间的教学交流、教学观摩、教学研讨等,另一方面是英语教师与学生、教师与专家的交流对话。教师的信息化协作教学,能有效共享集体的知识、经验与智慧,形成教师信息化教学的共同体。

3. 微观策略

高校英语教师信息化教学能力培养与发展的微观层面的促进策略,大致可以分为三个方面:

(1)以自主学习为主的知识积累。对于高校英语教师的信息化教学能力的培养和发展来说,教师的自主学习是非常重要的基础条件和动力源泉,也是高校英语教师专业发展的内驱力。通过自主学习,能使高校英语教师实现技术知识积累,促进教学,促进学生的发展。这在高校英语教师的职前培训和在职培训中都有所涉及。在某种程度上,通过自主学习,能够使高校英语教师在信息化教学能力不同发展阶段获得的离散知识更加系统化,使得信息化社会中教师的专业发展更加动态化、可持续、终身化。

(2)以教学实践为主的应用迁移。关于高校英语教师信息化教学实践的形式,可以将其理解为高校英语教师教学技术知识、技能在具体情景中迁移应用的体现,是一种"理论化的实践"。因此,高校英语教师要以教学实践为主,在不同的信息化教学情景中,实现信息化教学融合与信息化教学交往,在实践中反思,在反思中成长,最终实现高校英语教师信息化教学智慧的生成与创造。

(3)以协作教学为主的对话交流。高校英语教师的信息化教学能力包含的子能力有很多,其中之一就是信息化协作教学能力。教学观摩、教学研讨、协作交流、协作科研等都属于高校英语教师的协作化教学能力的范畴。在某种意义上,高校英语教师在信息化社会中以协作教学为主的对话交流策略,是对现代社会的一种体现,具有显著的时代性特点。

第七章

高校英语信息化教学资源的优化

信息资源是人类认识世界、改造世界的精神产物，其凝聚了人们的智慧成果。在一定条件下，信息资源的创造者享有知识产权，其具有商品的属性，但就信息资源的共享性特征而言，信息与知识一旦物化成信息资源，并通过一定手段加以传播时，其就自然成了人们的精神财富，是一种共享的社会资源。信息资源可以被反复利用，可以被复制与传递。随着知识经济时代的到来，信息资源对促进社会发展有着积极的意义。现如今，人们已经把信息资源与能源、材料并列。当然，信息资源也逐渐与各行各业紧密结合，尤其在教学中有着显著的应用。在高校英语教学中，也应该重视信息资源的利用，使信息资源成为推动高校英语教学的重要力量。

第一节 教学资源与高校英语信息化教学资源

一、教学资源

自有人生，便有教育。经过漫长的文明进化和教育实践，人类社会所创造积累的教育知识、教育经验、教育技能、教育资产、教育费用、教育制度、教育品牌、教育人格、教育理念、教育设施以及教育领域内外人际关系的总和都是教育资源。教育资源是人类社会资源的一部分。

对教学资源赋予形而上色彩的是乌美娜教授给出的定义：所谓教学资源，是指各种各样的媒体环境与一切可用于教育教学的物质条件、自然条件以及社会条件的总和。

《教育大词典》对教学资源含义的解释是：为保证教育活动正常进行而使用的人力、财力、物力的总和。

然而，随着远程教育、网络教学的出现和发展，教学资源并不局限于人力、物力和财力三个方面，教学资源的外延已变得更为宽泛和丰富。

我国教育信息化技术标准CELTS对教育资源的定义（2001）是：教学资源是指蕴含了大量的教育信息，能创造出一定的教学价值、以数字信号在互联网上进行传输的教学信息，它属于学习对象的一个子集。

二、高校英语信息化教学资源

（一）图书资源

图书的选择要突出时代感，尊重不同阶段学生的阅读兴趣差异，内容丰富，图文并茂，有利于扩大学生的知识面，培养学生跨时代交流的艺术。

实践告诉我们，重视指导学生的课外阅读，重视阅读中培养学生搜集和处理信息的能力，的确能实现让学生主动参与、乐于探究、勤于动手的教育目标。这是我们实施素质教育的最好体现。

（二）多媒体资源

将计算机多媒体技术应用于高校英语课堂教学中，可以更好地创设语言环境，提高教学质量和效率。它能全方位地调动学生学习英语的积极性，使学生由被动地接受信息转变为语言交际的直接参与者，从而实现合作学习和研究性学习。

1. 运用多媒体教学的优势

多媒体的应用对教师的教学方法加以改变。多媒体技术作为一种教学辅助，打破了传统教学模式的弊端，其能够快节奏、大容量地传输给学生信息，通过生动直观的教学方式，对学生的多种感官加以刺激，提高学生的英语学习兴趣和积极性。同时，多媒体也能够启发学生的创造思维，促进学生主动学习。

多媒体的应用可以提高教学效率，节省教学时间。高校英语教学的主要特点就是需要经过大量的练习，那么如何在有限的时间让学生掌握更多的知识，让他们有更多的参与训练的机会，学生也并未感觉疲劳与厌倦呢？例如，学生在学习单词的时候，传统的学习往往是带领学生读几遍，这样的教学很容易让学生厌倦，学生也就不可能主动地去记忆单词。但是，多媒体教学的使用，使得教学方法更加多样化。当他们初学单词时，教师可以从采用文字与图结合的方法。在巩固学习时，教师可以只给予图，让学生看图读词，或者让学生以回忆的方式比拼谁记住的单词多。在复习中，教师可以制作幻灯片，将单词、句型、会话等展示出来，学生不仅可以进行系统复习，还可以展开各种训练。

多媒体的应用使得教学资源可以共享。随着网络技术的进步，多媒体信息的传输功能使得教育教学资源可以在全世界共享。教师可以提前学习网络上的知识，然后从自己的教学实践出发对这些知识进行整理，使之成为自己教案的一部分。同时，教师也可以上传自己的教学资料，让大家学习和研读。可以实行电子分工备课制度，即教师们分工协作，精心备课，然后上传自己的备课资源供其他教师借鉴。这种备课方法，既丰富了教师们的备课资源，也节省了教师们的备课时间，使教师们有更多的时间反思自己的教学实践，提高教学技能，这有利于拓展学生的文化视野。另外，语言是文化的重要载体，教师要提高学生对中外文化的敏感性和鉴别能力，培养学生跨文化交际的世界意识，接触和了解异国文化是非常必要的。

2. 多媒体英语教学的措施

让教师尽快掌握课件制作技术。在众多课件中，教师应该首先掌握 PowerPoint 作为最初的培训内容，让他们掌握最基本的制作手段，然后认真钻研大纲与教材，结合实际情况，设计与教师、与学生年龄相符合的教学课件。这是实现多媒体与高校英语教学整合的前提和保证。

教师可以直接利用网络资源进行网上交互，提高英语交际能力。网上有很多的语音（听力）网站既可以下载，也可以在线收听，有些网站还配有相应的文字材料，比较适合目前高校学生的英语听力水平。

教师应该有效利用媒体资源。英语语言具有较强的实践性，这决定了学生在英语学习中需要进行大量的实践，当然人机互动不能代替师生、生生活动。因此，教师应该在多媒体的辅助下，组织自己与学生、学生与学生的互动与交流，即要保证多媒体应用的适度性，避免让多媒体占据了核心，而忽视了人的作用。

（三）数字资源

1. 数字资源

进入信息化时代以后，除了大量的以纸质为载体的信息资源外，以计算机、网络为载体的数字信息资源每天以惊人的速度传播。迄今为止，与"数字信息资源"（Digital Information Resources）类似的提法很多，如电子信息资源（Electronic Information Resources）、因特网信息资源（Internet Information Resources）、虚拟资源、联机信息、万维网资源、网络信息资源等，不一而足。在学术论文中常用"数字信息资源"，而在广大信息用户中却习惯上称为"数字资源"。

百度百科中的"数字资源"词条解释为：数字资源是文献信息的表现形式之一，是将计算机技术、通信技术及多媒体技术相互融合而形成的以数字形式发布、存取、利用的信息资源总和。商业化的数据库、机构或个人建立的数据库、各种网络免费资源等都属于数字资源。同印刷型文献相比，数字资源类型更为丰富。

2. 数字（化）教学资源

数字化教学资源，就是将传统的教学资源数字化，专指用数字技术处理的、可以在多媒体计算机与网络环境下运行的软件教学环境。高校的数字化教学资源主要包含以下内容：

（1）素材，即传播教学信息的基本信息单元，它是数字教学资源的基本信息单元。随着网络技术和计算机技术的发展，一般有文本素材、图形（图像）素材、音频素材、视频素材和动画素材等五类。由于它是最小的教育信息资源，因此不具有很强的教学效果。但是在教学过程中，教师可利用对这些知识节点的理解，根据自己教学过程中的需要，依据自己的教学方式进行设计利用，随意组织、丰富和更新这些教学信息单位，使其发挥最大的教学效果。

（2）教案，即教师根据教学大纲和教科书的要求，结合学生的实际情况，以课时或课题为单位设计的教学方案。

（3）课件，即根据课程教学的需要，运用媒体信息的整合技术，对一个或几个知识点实施相对完整的教学软件。根据运行平台的不同，课件可划分为网络课件和单机运行课件。网络版的多媒体课件能够在网络浏览器中顺利运行，也因为网络这个独特的环境而方便地共享和交流以及及时维护和更新。单机版的多媒体课件可以从网络上下载到个人计算机上运行。由于不会受到网络带宽的限制，因此其运行速度快，画面流畅，但是更新不方便。

（4）试题、案例等教学材料，即教师根据教学要求和学生需求，设计的供检测或自测的试题以及供教学使用的案例等相关材料。

（5）网络课程和精品课程。网络课程即通过网络表现的某门学科的教学内容及实施的教学活动的总和，包括教学内容和网络教学支撑环境，具有交互性、开放性、共享性、协作性和自主性，可供人们直接在网上学习的一门完整的课程。精品课程则是在国家的政策下产生，它产生于优质的网络课程，是集科学性、先进性、教育性、整体性、有效性和示范性于一身的优秀课程。

（6）教学资源库，即对数字教学资源的有效集合。它包括网络课程、精品课程、网络教学资源素材库、教学案例库、试题库、课件库、学件库、教学支撑软件等内容。在数字教学资源库里面，教师和学生能通过网络查询和检索他们需要的数字教学资源。因此，教学资源库应该最大范围地包含各种优质教学资源，并将它们有序集合。

（7）专题网站，即在内容上围绕某门课程或与多门课程密切相关的某一项或多项专题，具有网址或能向社会开放的网站。网站内容主要是为教师或教学小组开设的网络空间供他们存放自己平时收集、加工或制作的教学资源、课件、讲义、论文等。

（8）网络教育平台，即为数字教学资源库的顺利运行提供了一个基本的运行平台。一套完整的网络教学平台应该包括课程资源开发系统、网络教学支持系统、教务教学管理系统、网络教学资源管理系统和使用帮助及说明等五个方面。

第二节　高校英语信息化教学中教学资源优化的策略

一、转变课堂形态

（一）从独白课堂转向对话课堂

独白课堂是在高校英语教学中，教师拥有绝对话语权，对高校英语课堂教学的走向起着主导作用，学生则是失语者，高校英语课堂教学完全是教师的知识灌输过程。在这样的课堂上，教师与学生完全属于单边活动，学生并不是在主动地学习知识，而是被教师教会的。教师为了完成自身的教学任务，占据课堂的大部分时间，导致师生之间并没有过多的互动机会，学生也因此降低了学习兴趣和热情，产生了"虚假学习"现象。

信息化时代最主要的特征就是内容更为丰富，一方面，教师不再是学生获取知识的唯一途径，学生如果在课堂上有些知识没有掌握，他们可以在课下通过互联网展开自主学习。另一方面，随着网络技术的发展，网上的交互平台增多，使师生之间可以通过网络进行交流互动，打破了之前的单边活动的局面，师生之间可以实时对话，这就使得课堂形态从独白走向对话。

对话课堂即高校英语课堂教学主要以学生为本，将学生视作英语课堂教学的主体，通过对话手段，在师生之间建构平等互助的关系，最终提升教师的英语教学质量和学生的英语学习水平。对话课堂可以划分为三种对话形式：师生对话、生生对话、生本对话。其中师生对话是主要的组成部分，教师和学生通过探讨某些问题，从而让学生掌握知识。生生对话是学生倾听其他同伴的意见，与其他同伴交流，对学生的个体差异加以弥补，共享他人的思维成果。生本对话是学生与文本展开对话，这是阐释性对话，是学生对文本的理解。

基于信息技术的对话英语课堂教学打破了现实课堂的束缚，使学生可以在任何时间、任何地方从自己的学习需求出发展开对话。当教师在学习平台发布任务后，学生可以直接在平台上留下问题，教师进行在线

解答。除此之外,当学生在学习社区等地方进行阅读时,也可以与其他同学分享自己的想法,实现思维共享。

（二）从封闭课堂转向开放课堂

封闭的课堂不仅指的是英语课堂环境的封闭,更指的是英语课堂各个部分的封闭,主要表现在问题、经验、思维、教师交往等层面。

在信息化背景下,每个人都在通过网络获取信息,教师与学生也不例外。对于学生而言,互联网让他们接触了各种信息,逐渐提升了他们的认知水平,产生了更多的新思维。对于教师而言,互联网也让他们不断革新自己的教学方法,增加自己的知识储备,加强与其他教师的合作等。

开放课堂就是运用互联网资源,打破传统课堂的时空限制,将教师、学生从教材中解放出来,实现师生、学生之间的互动与合作,培养学生树立独立思维意识。开放课堂相比于封闭课堂,经验、问题、思维等都变得更为开放。现如今,学生可以从不同的渠道获取信息,实现自身新旧知识的碰撞。

（三）从现实课堂转向混合课堂

随着信息技术的发展,优质的网络平台逐渐建立和开放,为学生的多样化学习提供了更多选择余地,也不断促进高校英语教学的进步和发展。传统的现实课堂是单向灌输过程,在有限的时空内,学生不可能将教师讲授的内容全部接受,导致传统的课堂过分注重理论而忽视实践。虽然各种虚拟网络课堂发展迅速,为学生的英语学习提供了更为广阔的空间,但是由于学生缺乏学习主动性,对自己的管理也不严格,导致虚拟课堂也出现了很多弊端。因此,将现实课堂与虚拟课堂相融合的混合课堂才是首选。

混合课堂是融合了现实与虚拟、线上与线下的模式,能够拓展学生的英语学习时空,发挥教师的辅助与引导作用,让学生获取更为优质的资源,培养学生的英语实践能力。

在当前的英语教学中,混合课堂的应用主要有如下两个途径:

第一,通过学习平台为学生布置任务,让学生通过观看短视频,对下堂课所要学习的内容进行搜集。

第二,在课堂上,学生展示自己的学习结果,也可以提出学习中的问题,在课堂上展开探讨。

二、构建智慧课堂

信息化教育创造了多种教育手段,智慧课堂就是其中的一种重要模式。智慧课堂即依靠智能化技术,发挥教师与学生的智慧,对传统课堂教学模式加以优化。

智慧课堂要求以智慧教学环境作为支撑,这些智慧教学环境包括智慧校园网、学习资源平台,核心在于通过网络或者移动终端,接入学习内容,展示学习活动,更新与共享学习内容等。智慧教学环境可以实现真实情景的创建,实现学习协作,还可以推动个性化的学习资源。

具体来说,高校英语智慧课堂教学的设计框架如图 7-1 所示。

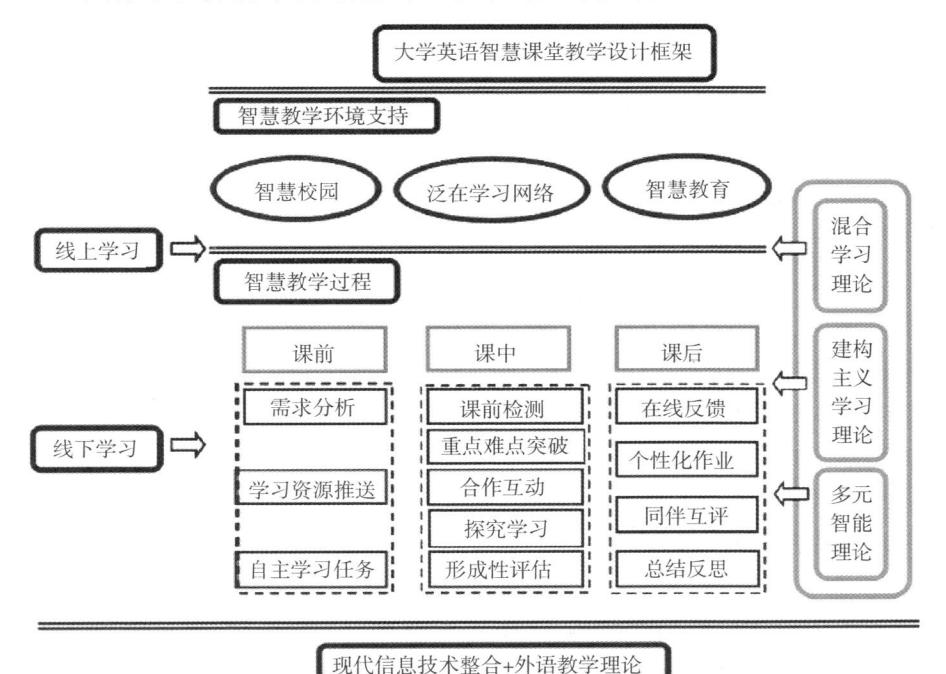

图 7-1 高校英语智慧课堂教学框架图

(一)课前学习阶段

在课堂开始之前,教师可以通过网络问卷、测评等,对学生的学习需求加以了解,从学生的学习需求出发,教师为学生提供学习资源,制订学习任务。智慧的英语学习不仅包括习得知识、获得技能,还包括提升学生的英语思维与文化素养。

例如,运用移动终端 APP,如英语流利说等进行听说训练,利用喜马拉雅在线听等,可以展开英语文化学习。对于学生的雅思托福考试,推荐学生使用一些泛在网络学习平台,展开有计划地学习。

(二)课堂学习阶段

在课堂进行中,智慧课堂教学要求发挥教师的智慧,运用先进科技,让学生主动探究。在课前检测阶段,可以通过在线测评,对学生的学习情况进行评估,从而设置自己教学的重难点。教学的重难点需要教师给予一定的指导,同时可以组成小组进行协作学习。教师可以运用网络平台发布一些探究学习任务,如从影视人物的对话中分析中西思维差异等。

在智慧课堂中,教师可以运用在线网络和移动终端,对学生展开形成性评估。这是通观察与记录对学生学习过程,对其学习效果进行监测,激发学生的英语学习兴趣。

(三)课后学习阶段

首先,在课堂结束之后,教师需要评价学生的学习成果。基于放在网络学习平台中设置的"学习记录"模块,对学生的学习情况加以记录。其次,在评价的基础上展开个性化反馈,为学生设置个性化的作业,如果学生在学习中遇到问题,教师可以进行针对性的辅导。

三、应用数字资源

在高校英语教学实践中,如果能够合理利用新型资源,则有助于改善高校英语学习成果。现代社会中的数字资源即新型资源,无论是计算机、笔记本电脑甚至手机、光盘等,都可以运用数字资源,因为数字资源对于当代人来说是非常便利的,并且其资源非常广泛。但是,无论资源多么庞大,只有将其运用到恰当的领域中,才能彰显其价值。

高校英语教学应该充分借助数字资源的优势,进行教学创新,具体来说,可以从如下几点展开:

(一)积极搭建数字化教学平台

随着互联网的普及,现阶段的高校学生对于电子设备、网络都非常依赖,因此可以借助信息技术来搭建数字化教学平台。数字化教学模式改变了传统的时空的问题,能够为学生提供更为便利的平台。数字化模式不仅限于课堂的学习,在搭建平台时,教师应该从社会的需要出发,制订高端的英语教学目标,建立科学的教学体系,实现数字化模式的创新。

另外,教师还可以创建微信公众号,定期发布一些学习内容,做好对公众号的维护,让学生在课堂之外能够感受到英语学习氛围。当然,教师也需要做好监督的工作,帮助学生提升自身的自主学习能力。

(二)创新教学手段

在数字化背景下,高校英语教师应该充分利用数字化设备,借鉴不同的教学模式,为学生解释英语文化知识与内容。在教学手段上,教师可以采取线上体验式教学。传统的体验式教学大多是线下的,而现在加入线上设备,使得体验式教学的选择更为丰富,更具有探究性,同时激发学生对知识的探究意识。例如,教师可以选择一个电影片段,让学生体会语言的魅力,进而让学生进行配音,这样不仅能够让学生体会到原汁原味的英语语言,还能够调动学生学习的积极性。

(三)创新教学内容

教师在开展教学之前,除了梳理本节课需要讲述的知识,还需要进行课外拓展。如果数字化设备仅仅是将书本知识搬到网络上,这样就丧失了数字化教学的意义,因此教师应该对教学内容加以丰富,提升英语教学的趣味性与全面性。

四、革新学生学习方式

(一)自主学习

自主学习,不仅被认为是一种学习方式,更是一种课程目标,一种教学方法。但是一般来说,自主学习往往被视作一种学习方式,而学习方式对于学生来说,是他们偏爱的东西,是他们自身特色与学习策略的综

合体。

要想恰当地展开自主学习,需要从如下几点着手:

1. 改变单一的教学模式

传统的教学方式已经不适应当前社会发展对人才的需要,因此在信息化背景下,需要改变教师的教学模式,对于教师来说,他们需要创造多种环境,采用各种先进的教学资源,对单一的教材、参考书等加以改革,让学生能够在网络环境下,挖掘各种有助于自身学习的教材,主动学习网络知识,提升自身的自主学习能力和水平。

2. 激发学习兴趣

众所周知,兴趣与动机有着密切的关系。一方面,兴趣和动机都是引起个体行为的内因;另一方面,兴趣和动机存在明显的区别。动机促动下的行为虽然与某一目标接近,但是目标并不一定能够达成,只有在动机驱动下的行为达成了目标,才有可能形成人们的兴趣和爱好。从内容来说,兴趣属于一种心理倾向;从过程来说,兴趣可以说成是一种情绪。

一般来说,高校英语课堂讲授除了要求知识的严谨、科学,还要求具有创造性、审美性等。在英语教学中,由于教学内容存在差异,讲授方式也有明显的不同,有的可能需要直奔主题,有的可能需要设置悬念,有的可能需要教师引领等,有的需要突出重难点,但是究竟采用何种方式,其最高的境界就是对各种教学方法的综合运用,实现课堂教学的最佳逻辑效果、美学效果。当前,高校英语课堂讲授的过程也是一个人知识与能力的结合。

一般来说,要想激发学生的自主学习兴趣,教师除了对知识进行讲授外,还需要做到如下两点:

(1)设计方案

教学是一门艺术,其精髓在于如何将一堂课讲好。为了将学生的兴趣激发出来,教师应该在课堂开始之前,设计不同的教案,从而与不同的教学情境相适应。

(2)设计导语

如果导语设计得好,那么也容易将学生的兴趣激发出来,才能更好地引入一堂课。一种好的导语,如同一块磁石,能够聚拢人们的注意力。

同时,一种好的导语,能够将思想的火花激发出来,给学生更好的启迪。

3. 养成自主学习的习惯

自主学习论,不仅分析了当今社会对人才的要求,也介绍了学习方法与知识,还培养学生如何基于网络环境,对信息时代有清楚的了解,从而让他们更新自己的学习观念,对自己的学习经验加以总结,了解自身的个性,发挥自身的优势,激发自身学习的兴趣,克服重重阻碍,提高自身学习的水平和效率。

(二)体验式学习

体验与学习密切相关。我们可以这样界定体验式学习,即人们基于以往的经验,通过对自己经历的事情、观察的事物进行内化,获取洞察。当然,这可能是有意识获得,也可能是无意识获得。

要想展开体验式学习,可以从如下几点着眼:

1. 实施实时交互与协作

在信息化背景下,师生通过网络展开交互,学生可以将自己的心得通过网络发布,也可以从网络上获得他人的经验和心得;教师可以通过学生的反馈,把握学生学习的情况,从而给予学生一定的帮助。

由于互联网不受时空的限制,师生之间、生生之间可以在任何时间、任何地点展开交流,学生之间也可以组成小组展开合作学习,从而真正地发现并改善自身的不足。

2. 创建个性化的学习环境

体验式学习主张发展学生的个性特点,让学生不断进步。在信息化背景下,网络资源可以让学生的体验式学习更加有效。因为高校学生来自不同的地区,彼此之间存在差异,因此他们在学习中需要的资源也必然是不一样的。传统的高校英语教学很难满足每一位学生的需要,考虑每一位学生的特点,而信息化背景下的高校英语教学,恰好能弥补这一不足,让不同的学生从自身的学习情况出发,教师也可以为他们设计不同的学习体验,让他们感受到成功。

3. 开展网络游戏化教学

网络游戏化教学即通过运用网络的游戏特色,将高校英语学习的目标融入其中。教师可以根据学生的学习特点,采用一定的游戏化特色,让学生一边娱乐一边学习,这样学生的英语学习也会更加放松,也更容易掌握知识和技能。

第三节 高校英语信息化教学中构建数字教学资源库

一、高校英语数字教学资源库的建设

资源建设不是简单的资源堆积,而是要以一种或多种组织形式有规律地组织资源。在考虑资源教育性、系统性的同时,还要考虑分类的科学,达到资源检索的方便、快捷和高效。因此,高校英语数字校园构建中资源建设的规划与设计要遵循这三大原则。

英语数字资源库有许多种分类方法,根据其内容,一般可以分为专业教学资源库、活动专题资源库、专题学习资源库等,如图 7-2 所示。

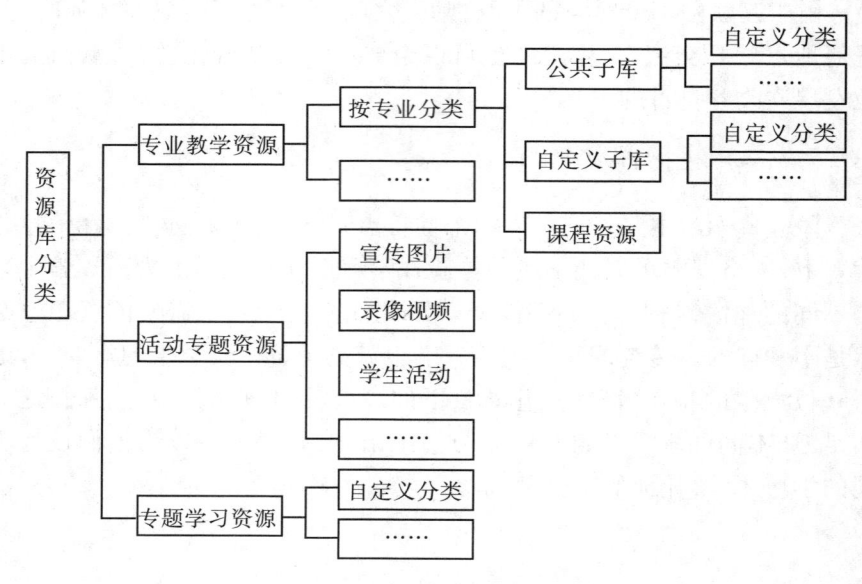

图 7-2 教学资源库

二、高校英语专业教学资源库的规划与设计

高校英语专业资源库建设的主体是院系,高校英语专业资源的整理与收集工作主要由各个院系或由院系分配给各个专业组织实施。这种分散的英语资源收集模式,往往会导致不同院系或不同专业在收集资源时各行其是,造成建设内容得不到统一、同类资源命名迥异的状况。因此,必须规范高校英语数字资源库的建设,学校(院系)可以通过对英语资源的整理,提炼出各个英语专业资源的共性部分,并统一规范其命名规则,把它们视为规定动作。例如,专业标准库、行业标准库、专业设置调研报告、人才培养方案、职业资格认证库、企业信息库等,如图7-3所示,这些内容是各英语专业资源建设的共性部分,在高校英语教学资源库建设时可以统一要求,共同建设。

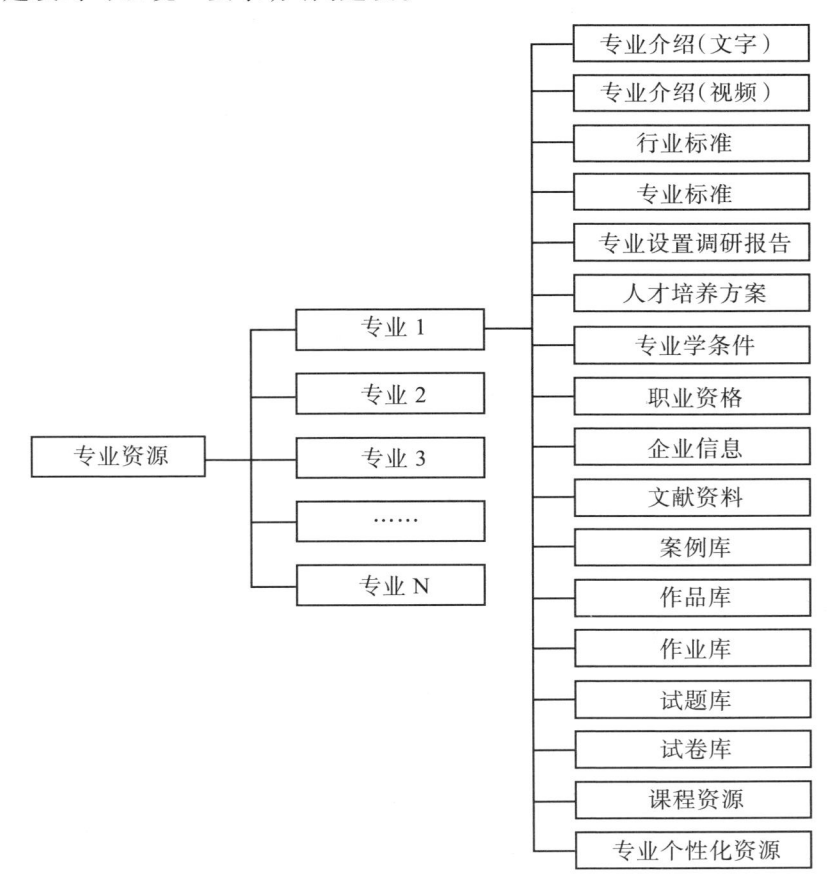

图 7-3 专业资源库建设内容

由于高校英语教学资源库可以专业为主线设置专业库,专业库下设置子库,子库又可分为通用子库和自定义子库,因此在进行高校英语教学资源库建设时,把通用子库作为各专业的共性内容,也是各专业规定要建设的内容,由学校(院系)层面统一定义。同时,各专业个性化资源可由院系(或专业)根据其专业特点提出具体建设要求,建成自定义子库。

三、高校英语课程资源库的规划与设计

高校英语课程资源是高校英语专业资源的重要组成部分,其可分为高校英语课程公共资源、高校英语公共教学资源和高校英语课程辅助资源三部分,如图7-4所示。其中,高校英语课程公共资源是指本门课程的公共信息部分,如课程介绍、教师团队、课程设置、授课计划、课程教案、实习指导书、考核要求、说课录像等;高校英语公共教学资源是指与教学直接相关的教学内容,如讲义、课件、教学录像、实习与实训材料、练习与自测、作业、试卷等;高校英语课程辅助资源是用于辅助本课程学习的资源,该类资源可根据不同课程的特点来确定。

为了更好地提高高校英语课程资源共享度,可以将高校英语课程资源作为专业资源的有机组成部分,实现在专业资源库中进行课程资源的检索,使英语课程资源的个体性和独立性得以充分体现。这样做,一是有效实现了资源共享,对参加英语课程教学的任课教师而言,能共享本门课程资源的建设成果,包括课程的学习内容、题库、作业库、试卷库等,通过对已有资源的利用和再加工形成自己的能供学生学习的备课内容;二是强调了资源的团队建设理念,资源建设不是仅靠单个人能独立完成的,而是要通过团队协作、资源长期积累和不断优化的过程;三是英语课程资源作为英语专业资源的一个重要组成部分,将其纳入英语专业资源库的管理,在高校英语专业资源管理平台可以共建高校英语课程资源,可以实现高校英语课程资源与高校英语专业资源的互通。因此,我们在建设高校英语课程资源库时,可以在高校英语专业资源库的公共子库中单独设立一个高校英语课程资源子库,专门用于高校英语课程资源归类和管理。在具体建设时,可以将高校英语课程名称作为一级分类,其中又划分成高校英语课程公共资源、高校英语公共教学资源和高校英语教学辅助资源三个二级分类,三级及以上的分类主要依据高校英语课程资源建设规划,即以高校英语课程公共资源、高校英语公共教学

资源和高校英语教学辅助资源的具体建设内容来确定。

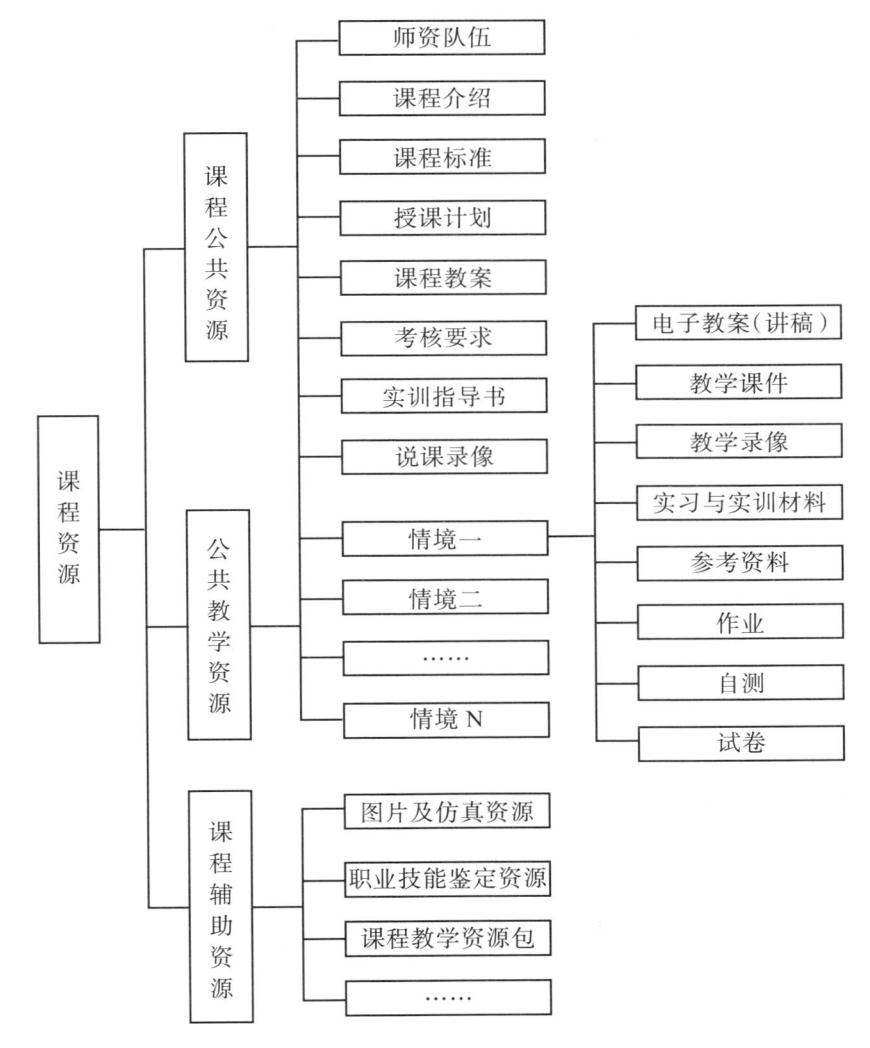

图 7-4　课程资源库建设的内容

四、高校英语专题资源库的规划与设计

高校英语专题资源分为高校英语专题学习资源和英语活动专题资源。高校英语专题学习资源是某一特定英语专题的资源集合。高校英语专题学习资源的主要展现形式是高校英语专题学习网站,该网站是

学习者进行学习与交流的平台。高校英语活动专题资源包括学校的宣传图片、录像视频、学生活动资料等,是学校内各项活动资料的集合,如图 7-5 所示。

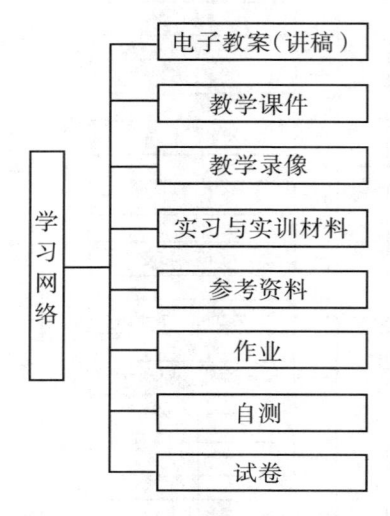

```
                    ┌─ 电子教案(讲稿)
                    ├─ 教学课件
                    ├─ 教学录像
        学习网络 ────┼─ 实习与实训材料
                    ├─ 参考资料
                    ├─ 作业
                    ├─ 自测
                    └─ 试卷
```

图 7-5　学习网站内容建设

"专题学习型"学习网站用于某个专题知识的发布、学习与交流,其强调的是知识的相互传授和知识交流,学习者也是学习内容的组织者,通过学习者之间的知识相互传授与知识交流达到学习目的。该类型的网站内容组织形式多样,可以是学习心得、学习总结、研究报告、互联网资料、电子图书、音像资料等。

高校英语专题学习资源库在建设时可以学习专题为主线,某一个学习专题为子库,子库下根据实际需要再建设具体内容。高校英语活动专题资源库可以以活动专题为主线,把某一项活动建成子库,子库下再根据实际需要建设。

第八章

高校英语信息化教学的其他理论创新

21世纪以来,高校英语教学不断改革,人们认识到人类的进步与生态有着密切的关系,当然高校英语教学也可以从生态层面进行研究,这与可持续发展的规律相符。就生态语言学来说,高校英语教学是一个完整的微观生态系统。同时,很多学者认识到,我国的高校英语教学应该进行战略性的调整,即从普通型教学转向专业型教学,而ESP教学自身的实用性、专业性恰好体现这一点。可见,高校英语教学中融入生态教学与ESP教学满足应用型人才培养的要求,是社会发展的一种必然趋势。本章就从这两大视角着眼进行创新探究。

第一节 ESP理论融入高校英语信息化教学

一、ESP的内涵与分类

(一)ESP的内涵

ESP的全称是English for Specific Purposes,也就是"专门用途英语",如商务英语、法律英语、旅游英语、广告英语等都属于这一类。随着科技的不断进步,金融、贸易等交往更为频繁,而英语作为一种通用语

言,应该向各个领域靠拢,以符合社会发展对英语人才的要求。

ESP教学具有明确的目标与针对性,并且实用性很强。其具备两大特点:

第一,ESP的学习者主要面向成年人,或者是那些正在从事某职业的专业人才,如金融类、商业类、旅游类等,或者是在校的大学生,因为他们学习也是为以后的工作服务的。

第二,ESP学习者学习英语主要是为了将英语视作一种工具,展开专业化的学习,以满足不同学习者的需要,提升自身的专业能力。

(二)ESP的分类

随着社会的发展,ESP教学不断壮大,下面介绍一些学者对于ESP教学的划分。

1. 达德利·埃文斯和圣约翰的两分法

达德利·埃文斯和圣约翰是以职业领域为基准,将ESP分为两大类,如图8-1所示。

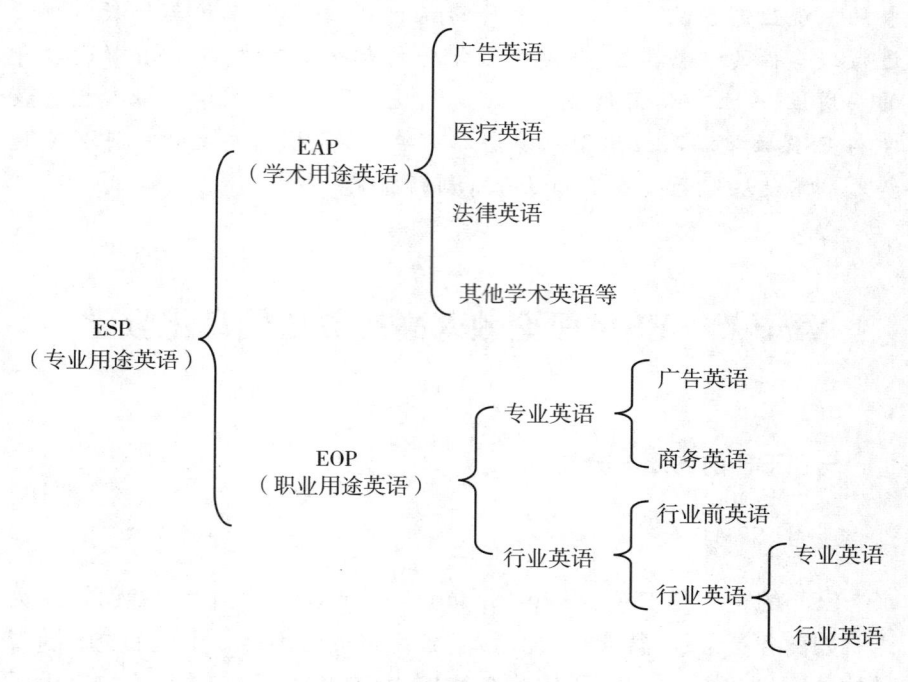

```
                            ┌ 广告英语
                            │
                   EAP      ├ 医疗英语
              (学术用途英语) │
                            ├ 法律英语
                            │
                            └ 其他学术英语等
ESP
(专业用途英语)
                            ┌ 专业英语 ┌ 广告英语
                            │         └ 商务英语
                   EOP      │
              (职业用途英语) │         ┌ 行业前英语
                            └ 行业英语 │         ┌ 专业英语
                                      └ 行业英语 │
                                                └ 行业英语
```

图8-1 达德利·埃文斯和圣约翰的两分法

2. 哈钦生和沃特斯的三分法

哈钦生和沃特斯以科目类别为基准，将ESP分成了三类，即科技英语、经贸英语以及社科英语，如图8-2所示。

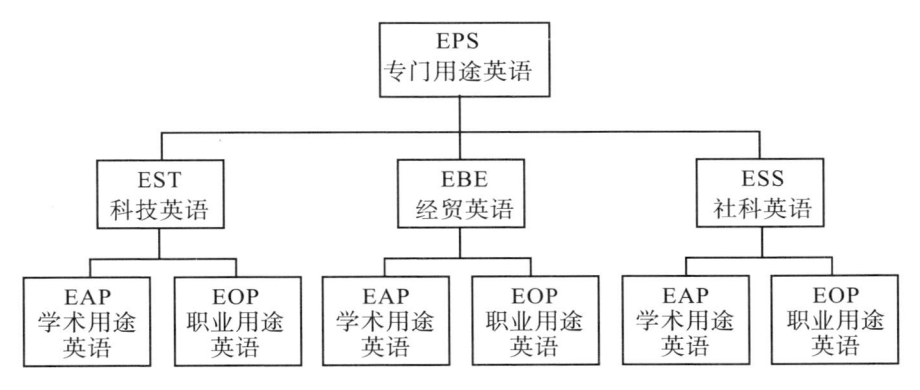

```
                    EPS
                  专门用途英语
         ┌──────────┼──────────┐
        EST        EBE        ESS
       科技英语    经贸英语    社科英语
       ┌──┴──┐   ┌──┴──┐   ┌──┴──┐
      EAP  EOP  EAP  EOP  EAP  EOP
     学术  职业  学术  职业  学术  职业
     用途  用途  用途  用途  用途  用途
     英语  英语  英语  英语  英语  英语
```

图 8-2　哈钦生和沃特斯的三分法

3. 乔丹的两分法

乔丹是在哈钦生和沃特斯的基础上将三分法简洁化，主要是以语言使用目的和语言环境为基准，具体分类如图8-3所示。

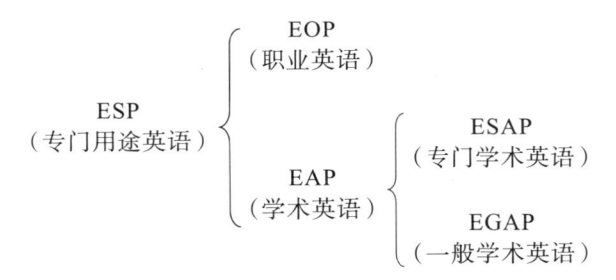

```
                ┌── EOP
                │  （职业英语）
ESP             │
（专门用途英语）│              ┌── ESAP
                │              │  （专门学术英语）
                └── EAP────────┤
                   （学术英语） │
                               └── EGAP
                                  （一般学术英语）
```

图 8-3　乔丹的两分法

4. 罗宾逊的两分法

罗宾逊主要是以学生的经历为基准进行划分，将ESP划分成职业英语和学术英语，如图8-4所示。

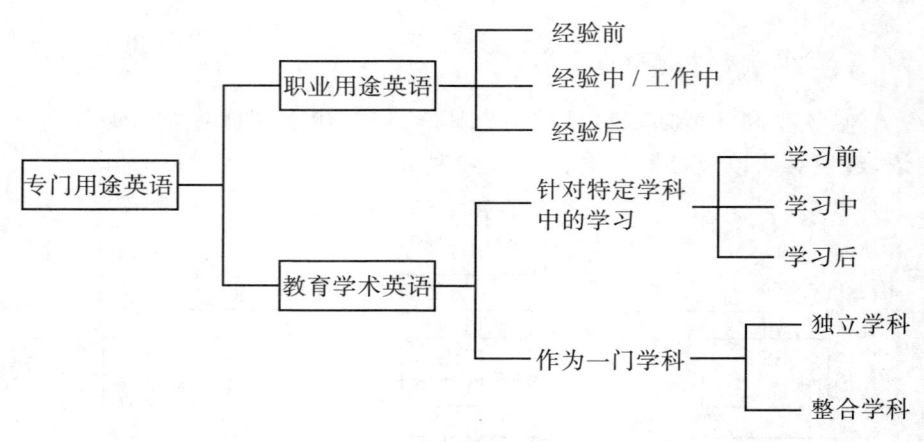

图 8-4 罗宾逊的两分法

当然，如果不将通用英语和专门用途英语加以区分，那么对专门用途英语的研究也就失去了意义。因此，我们将罗宾逊的分类方法进行修正，如图 8-5 所示。

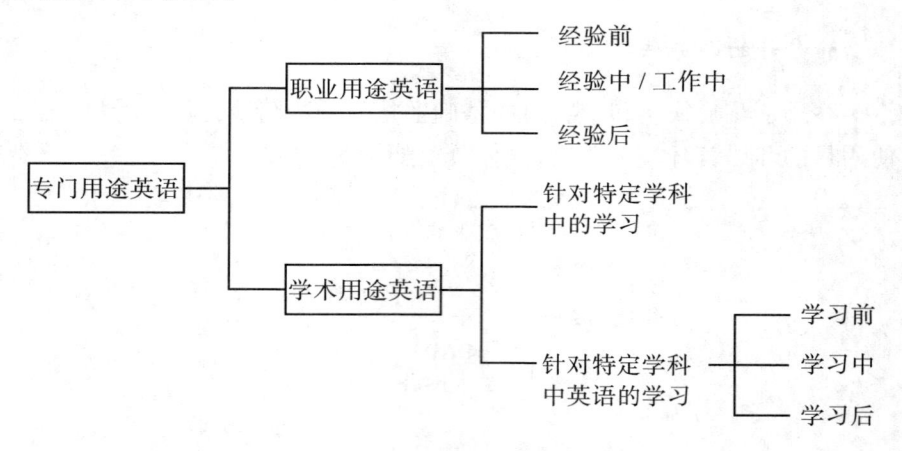

图 8-5 ESP 分类结构图

二、高校英语教学与 ESP 理论结合的意义

高校英语教学的最终目的在于让学生从对语言的学习转向对语言的使用，让学生在特定的职业中能够将英语运用得恰到好处。高校英语课程不仅需要学生打好语言基础，还需要培养学生实际运用英语的能力，尤其是运用英语进行日常事务处理与交流的能力。因此，高校英语

教学必须从学生的学习需求与用人单位的需求出发,满足不同专业对教学的要求,培养出符合用人单位需要的专业人才。ESP 教学使语言教学为专业学习服务,这就说明在实际的工作中,学生需要了解各个专业的发展动态,让英语学习与具体的实践相连接。在高校英语教学中引入 ESP 教学,就是与相关的专业联系起来,这样培养出的人才不仅具有较强的外语能力,还具有专业性。

ESP 教学是社会语言学给语言教育确定的高标准,也是社会实践的基本要求,运用 ESP 理论指导高校英语教学是可行的。

(一)ESP 教学原则符合高校英语教学要求

专门用途英语坚持"以学生为中心"的原则、"真实性"原则、"需求分析"原则,这三大原则与高校英语教学的要求相符合。

1."以学生为中心"的原则

ESP 的目标非常明确,即成年人,但是这些成年人的时间有限,因此设计的教学大纲往往是考虑他们以后的工作。这就要求 ESP 教学应该以学生为中心,主要培养学生的交际能力。

教学目标、教学内容等的设计,需要从学生学习英语的原因出发来考量,要根据学生的实际需要来确定。哈钦生与沃特斯指出,虽然对语言使用的强调可以说明语言教学的目的,但是在 ESP 教学中,语言使用并不是依教学而定目的,而是语言的学习。[①] 真正展开 ESP 教学必须基于对语言学习过程充分了解的层面。这里的语言学习指的是能够让学生产出教学方法与学习策略。对语言学习的强调,实际上是抓住以学生为中心这一理念,这一理念恰好与高校英语教学理念相符。

在当代的高校英语教学中,需要对传统的以教师为中心的形式加以改变,在课堂教学中强调以学生为中心,要求设计的课堂活动要多样化,从课程需求出发,针对语言水平不同的学生,设置不同的课堂学习任务,从而调动学生的积极性,将学生的主观能动性发挥出来,从而不断培养学生的跨文化交际意识与能力。

[①] 梦红:《ESP 框架下应用型本科院校高校英语教学模式研究》,吉林大学出版社,2015,第 54 页。

2."真实性"原则

在 ESP 教学中,需要坚持真实性的原则,这一原则是 ESP 教学的灵魂。具体而言,教材内容应该是与专业密切相关的语料,课内活动、课外活动以及练习的设计也需要与英语社会文化情境相符合。当然,只有具备真实的语篇,再加上学生真实的任务,才构成 ESP 教学的特色。

当然,真实的材料还需要考虑体裁的特点,考虑听、说、读、写技能的训练以及学习策略的培养。高校英语教学应该尽可能使用真实的材料,便于学生在毕业后能够运用到自己的岗位中,这样高校英语教学的实用性也被呈现出来。

3."需求分析"原则

需求分析是 ESP 教学大纲制订、教材编写的前提。在 ESP 教学中,需求分析涉及两点内容:

第一,对学习者的目标需求加以分析,即分析他们可能遇到的交际情境。

第二,对学习者的学习需求进行分析,即涉及哪些层面的知识、技能,哪些知识、技能需要先掌握,哪些需要后掌握等。

一些学者认为,学习需求分析涉及对教学环境的考察,因为教师队伍、校园氛围等因素也会对教学产生影响。对于高校学生来说,他们自身存在着明显的差距,运用英语的能力也明显不同,因此高校英语教学强调以实用为主,基于学生的实际需求展开教学。[①]

从不同学生的基础出发,对教学层次展开调整,凸显职业岗位的能力,凸显侧重点,促进学生各项能力的协调发展。高校英语教学的课时安排是有限的,应从学生的专业需求出发,传授给学生必要的知识技能,从而提升学生的学习水平与效率。ESP 教学基于需求分析理念,对学习者的不同需求进行分析,通过学习与使用相结合,为高校学生获取自身所需的交流形式提供了可行性。

就上述内容而言,ESP 教学体现了高校英语教学与学习是为职业岗位服务的,这有助于调动学生学习的积极性与主动性。ESP 教学的

---

① 梦红:《ESP 框架下应用型本科院校高校英语教学模式研究》,吉林大学出版社,2015,第 55 页。

原则也与高校英语教学中尊重学生的理念相契合,都是侧重于以学生为中心。

(二)ESP 教学理念与未来高校英语培养目标一致

ESP 教学基于专业的需求,探究一种英语与专业的结合形式,其侧重于实用性,体现专业性,注重培养学生的语用能力。这与现阶段我国高校英语教学强调的培养与职业能力相匹配的英语使用能力这一目标一致。

ESP 教学对于学生交际能力的培养非常侧重,主要目的是让学生能够在以后的岗位中适应需求。现阶段,我国高校英语教学的培养目标也是让学生能够在某个岗位运用英语这门语言。

ESP 教学目标的设置将需求分析视作教学的落脚点,提炼出与专业或者职业相匹配的英语运用能力,然后对词汇、语法等知识进行整合,形成一个具有针对性与实用性的教学途径。现阶段的高校英语教学也以职业、岗位作为目标,培养学生能够在以后的工作中运用英语完成任务的能力。可见,ESP 教学为教师提供了实现高校英语教学的手段。

(三)高校学生具备接受 ESP 教学的基础

如前所述,ESP 的学习者都是成年人,其中甚至包含某一职业的高级人才,甚至有些正在某一岗位上接受培训,或者也包含一些在校大学生。对于他们而言,英语是一种手段,学习的目的是能够在其自身的岗位或者职业、专业上有所突破,从而有效地完成某项工作。

对于高校学生来说,他们在高中已经具备了英语基础,对一些语言知识有清晰的掌握,不管学生以后从事什么类别的工作,这些语言基础知识是必需的。学生的词汇量、语法知识等已经能够帮助他们完成基本的工作,基于这样的知识进行 ESP 教学,为学生传授高于现在的知识,那么他们就能够在某一专业上有所突破,从而激发他们的兴趣与积极性。

ESP 教学是 EAP 教学的拓展,是从基础英语能力转向英语应用能力的过渡。高校学生通过掌握一定的专业词汇、专业会话,对一些专业说明、操作指南等能够阅读,对行业英语写作规范有所熟悉等,实际上是对自身专业能力的补充,是为他们的终身学习做准备。

(四)高校教师具备 ESP 教师的潜质

从 EAP 过渡到 ESP 需要一个过程,ESP 教学需要 ESP 教师具备较高的英语水平,具备一定的专业知识,是普通英语教师与专业英语教师的融合。

高校英语教师要想具备 ESP 教师的能力,需要经过不断的培训,从而使他们具备综合语言技能。对一些英语水平较高的教师进行专业培训,鼓励年轻教师攻读硕士、博士等,从而壮大 ESP 教师的队伍。

另外,高校英语教师与专业教师之间应该不断合作,展开跨学科的交流,对彼此知识的不足加以弥补,不断提升教师的专业素质与能力,建构一支专业知识与英语知识都过硬的队伍。当前,高校与企业也不断合作,以此提升高校英语教师的动手能力。他们对于学科专业知识与实践有更深层的了解,从而为 ESP 教学奠定基础。

三、信息化背景下高校英语 ESP 教学的建构

(一)创新教学目标,完善教学设计

要想推进 ESP 教学改革,首先需要对教学目标加以创新,对教学设计进行完善,对教学内容加以确定。一般来说,教学内容往往是基于教学目标建立起来的。高校 ESP 教学是英语基本知识与专业知识的融合,因此教学内容可以划分为两部分:一部分是学术知识,另外一部分是专业知识。前者指的就是英语基础理论,后者指的是学科知识,二者有着紧密的联系。并且,英语基础理论知识是学科知识的前提与基础,学科知识是基础理论知识的扩展。高校 ESP 教学就是要实现二者的融合。具体来说,可以从学生的实际情况出发,对课程加以设计,对传统的英语教学内容加以安排,并将专业知识融入普通教学之中,满足学生的实际需求。

在具体的高校英语教学中,应该采用渗透式教学与分层教学相结合的模式,有助于学生适应不同的教学模式。两种教学模式相结合就是对高校四年的 ESP 教学的综合设定,即在大一、大二主要讲述基本的英语技能,同时渗透 ESP 教学的知识,到了大三、大四可以设置 ESP 教学,并从不同的专业出发进行课程设计,这样才能符合不同学生的专业发展。

在教学活动的设计上,要注意英语语言与教学内容的融合,可以鼓

励学生采用小组形式展开学习。合作学习强调对知识的建构,教师要在熟悉教学内容的层面上创设一定的情境,让学生在小组讨论中对专业内容进行积极的建构,从而不断提升学生的语言运用能力。其中情境的创设有助于学生明确学习目的,激发他们学习的兴趣和提高积极性,最终提升教与学的效果。

(二)充分利用空间,建立多元交互的课程体系

在高校 ESP 教学中,要实现课程设置与教学风格的一致,这是基本的前提条件。因此,教师在高校 ESP 课程的设计中要付出一定的辛苦和精力,具体来说要注意如下两点:

第一,要将必修课与选修课充分利用起来。例如,当学生进入学校之后,可以进行摸底测试,测试学生是否可以直接接触 ESP 课程,并从学生的个人专业、自身水平出发,选择适合他们的专业英语。另外,可以从难易程度上,对课程展开划分,简单的课程可以用作对必修课的补充,让学生在富裕时间进行学习,难度较大的课程可以到了大三再学习,当然不同的高校要根据学生的实际情况自行制订计划。

第二,要建构多元交互的课程体系。这一体系主要基于通用英语教学对学生的基础知识加以巩固,并将 ESP 教学作为核心,脱离传统的教学模式,让学生接触专业英语,并让学生学会将专业英语用到具体的实践之中。同时,设置跨文化交际课程,拓宽课程范围,对教学内容加以丰富,并基于基础英语、专业英语等,让学生运用网络对中西文化差异有清晰的了解,以培养学生的人文素养。

(三)利用现代化教学手段,拓展学习空间

随着信息技术的进步与发展,学生获取知识的途径变得更为丰富,一些碎片化的学习机制也不断出现,这些变化对于 ESP 教学有很大的影响。

首先,要充分发挥信息技术的作用。高校 ESP 教学主要是为了培养具备国际视野的专业英语人才,因此在教学中采用信息技术,将慕课、微课等多种教学模式引入其中,有助于激发学生的学习兴趣,也便于扩充学生的学习内容。

其次,要营造学生学习的氛围,为学生拓宽学习的空间。教师可以为学生设置学习情境,让学生身临其境地感受,这样便于学生转变角

色,以与专业需求相适应。

(四)注重教材的多元性,开发辅助资料

无论什么学习,教材都是其重要载体,也是教学的一部分。当前,高校 ESP 教学始终处于辅助地位的原因就在于教材的缺乏。英语基础知识与专业知识无法联系在一起,导致教师无法深入地开展 ESP 教学。因此,必须开发适合的 ESP 教材。各大高校可以从教学大纲、学校宗旨等出发,选择合适的教材。当前,高校可以组织教师对 ESP 教材加以编写,但在编写的过程中需要注意如下几点:

第一,教材要具有衔接性与实用性。高校 ESP 教学是由多个模块组成的,因此在编写教材的时候,需要各个模块之间的衔接。另外,高校 ESP 教学的性质也要求其教材的编写要更为专业与实用,要从市场与学生的需求出发。

第二,教材要具有趣味性,也要考虑职业性。这就是说,教材不仅要有助于学生专业知识的学习,还需要具备趣味性,这样才能激发学生的学习积极性,真正做到寓教于乐。

第三,开发利用辅助资料。如果教师仅仅依靠教材,是很难提升教学效果的,因此还需要一些配套的资料。可见,在编写 ESP 教材的时候,应该注重辅助材料的开发。具体来说,可以构建基于信息技术的 ESP 学习资料库,将相关专业的语料包含在内,丰富 ESP 学习的资料。

第二节 生态理论融入高校英语信息化教学

一、生态课堂

生态课堂是从生态学的视角出发,对生态状态下的课堂加以研究的学科,其强调教师、学生、教学信息与组织、教学环境、教学平等等因素要实现和谐统一,是对师生关系、课程结构等进行的新型建构,是一种各个环节之间彼此联系与和谐共生的教学形态。

二、高校英语生态教学环境的设置

教育信息化背景下高校英语生态教学的优化需要按照一定的原则进行,从而保证优化目标的明确。具体来说,需要坚持如下几项原则:

(一)目的性和计划性

设计生态教学环境,要有目的、有计划地进行,不能随意和盲目设计。在高校英语教学中,一般都是高校英语教师以英语教学目标、学生身心发展特点以及英语教学基本规律为依据来设计和运用英语生态教学环境。由此可以看出,教师在设计高校英语生态教学环境时,是有目的、有计划性的。

(二)自发性与潜在性

英语学习离不开英语生态教学环境,学校是学习的重要场所。由于英语教学环境是主体知觉的背景,刺激强度较弱,因此这就决定了其暗示性的重要特点,这也使得学生在不知不觉中受到潜移默化的影响与熏陶。

(三)规范性和教育性

高校英语生态教学环境具有规范性。高校英语生态教学环境作为育人的专门场所,承担着育人的重要任务,这就要求高校英语生态教学环境的各个方面都必须是规范的。另外,高校英语生态教学环境作为高校英语教学活动赖以进行的物质依托和舞台,其教育功能比其他功能更受关注和重视,因此高校英语生态教学环境具有教育性特征。

(四)科学性和可调控性

高校英语生态教学环境不是盲目建设的,而是按照一定的目标和需要,对其构成因素进行充分论证、合理选择、科学加工及高度提炼而建立起来的,因此高校英语生态教学环境具有一定的科学性。另外,在高校英语教学实践中,为了更好地促进学生身心发展,要随时根据教学活动的需要及外部条件的变化而调控英语生态教学环境,高校英语生态教

学环境具有可调控性。

三、高校英语生态教学优化的原则

（一）整体协调性原则

高校英语生态教学要遵循整体协调原则，从整体联系的角度考察高校英语教学环境，用系统的、整体的观点对待高校英语生态教学的创设问题。高校英语生态教学系统是各组成要素之间、要素与整体之间相互联系、相互作用的矛盾统一体，具有从要素的组合达到系统整体、质的飞跃的总效应。

从这个意义上说，高校英语生态教学系统就是由相互联系、相互制约的诸要素组成的具有特定功能的综合整体。它在功能上具有新质，这种新质不是单个高校英语生态教学要素的机械相加，而是由各种高校英语生态教学要素按照一定规律组织起来的系统所具有的综合整体功能。因此，要充分发挥高校英语生态教学的整体功能，就有必要运用系统整体的观点优化高校英语生态教学各要素。

（二）简便优化原则

建设高校英语生态教学不仅要追求系统性、目的性、有效性，还要追求简便易行、高效率、多功能等。因此，优化高校英语生态教学必须遵循简便优化原则。简便优化原则从系统的价值标准角度反映了系统存在和发展的客观规律，这不仅揭示了教学主体对高校英语生态教学系统的一般要求，而且还揭示了高校英语生态教学系统优化发展的方向和趋势。

（三）主体性原则

建设高校英语生态教学的过程中，要充分重视学生主体的作用，培养他们在特定环境中的自控能力，使学生学会自己管理教学环境。高校英语教师和学生都是高校英语生态教学的主人。高校英语生态教学的建设离不开教师与学生主体的参与、支持和合作。正因如此，在优化高校英语生态教学的过程中，高校英语教师应充分调动学生的主动性与积极性，使高校英语生态教学的创设得到最广泛的支持，长久维持优良的高校英语教学环境。

四、信息化背景下高校英语生态教学的优化策略

信息化背景下高校英语生态教学系统的优化需要在坚持上述原则的基础上,结合各个生态因子之间的关系,采用恰当的优化策略。当然,这是一个复杂的过程,在这一过程中,需要以教师作为突破,因为教师在高校英语生态教学中的作用非常关键,教师教学的态度、理念等如果发生改变,那么就会影响具体的教学情况。因此,只有保证教师的生态化发展,才能保证教学的优化。具体来说,需要从如下几点做起:

(一)加大经费投入,促进对硬件设施的维护与更新

高校英语教学硬件条件的好坏对教学活动的开展是否顺利和教学效果的优劣有直接的影响。学校应加大资金投入力度,改善高校英语教学硬件,为学生提供良好的教学环境,提高学生的学习兴趣。

(二)提供各种书籍、期刊等丰富的学习资料

高校英语教学书籍、期刊等资料对学生学习英语知识起到关键的作用。为了让学生学习和了解更全面、新颖的高校英语信息,学校应丰富图书馆中的英语学习资料,确保英语学习资料的种类、数量和质量能满足学生的需求,营造浓郁的学习氛围。

(三)建立和谐的人际关系

高校英语教学中师生之间、生生之间建立和谐的人际关系对于营造良好的课堂氛围、优化教学环境及提高教学效率具有重要意义。具体来说,师生要从以下几方面努力建立、改善及维持关系:

第一,高校英语教师要与学生建立和谐关系,就要先对每位学生的英语基础、英语学习兴趣等加以了解,在英语课上针对不同学生的需要进行个性化教学,并尊重学生的个体差异,重视每一位学生的主体地位,平等对待每一位学生,积极调动学生在英语课上的学习热情与自觉性,鼓励学生参与到集体的英语教学活动中来,与学生建立亦师亦友的关系。

第二,高校英语教师在课堂上善于运用现代化教学手段与学生互动,如播放教学视频,提醒学生应该注意哪些细节,并启发学生思考和

提问，现场解决学生的疑问，这样不仅提升了学生的学习兴趣，也使师生互动交流的机会更多。

第三，高校英语教师在高校英语课堂教学中组织一些集体性的游戏或比赛，使学生以小组为单位参与活动，引导学生团结友爱、互帮互助、相互配合，培养学生的集体主义精神与合作意识，使学生在合作中建立与巩固友谊，共同学习与进步。

（四）培养高校英语教师的信息化教学能力

在信息化的高校英语教学中，不管是高校英语教师还是学生，都能迅速便捷地获取丰富的教学信息与资源，而且师生在这方面拥有均等的机会，学生获取学习信息突破了课堂教学与教师传播这种单一的渠道，而能够自主从网络上获取更多可靠的有帮助的重要学习资源。这种教学变化形势对高校英语教师的角色、作用及能力都提出了更高的要求，高校英语教师要主动适应信息化教学环境，树立信息化教学理念，学习信息化教学方法和手段，将这些理念、手段充分融入教学中，加快推进高校英语教学的现代化、信息化发展。这是时代的要求，也是高校英语教师自我发展和实现自我价值的要求。高校英语教师要参与网络课程的开发设计、分析研究、辅导领航等，角色的多样性增加了高校英语教师的责任感和使命感，高校英语教师必须自觉提升自己的信息化教学素养和现代化教学能力，扮演好每一个角色，为学生学习提供最优质的服务。

参考文献

[1] 布鲁姆等.教育评价[M].邱渊等译.上海:华东师范大学出版社,1987.

[2] 蔡基刚.中国大学英语教学路在何方[M].上海:上海交通大学出版社,2012.

[3] 蔡先金等.大数据时代的大学:e课程e教学e管理[M].济南:山东人民出版社,2015.

[4] 陈俊森,樊葳葳,钟华.跨文化交际与外语教学[M].武汉:华中科技大学出版社,2006.

[5] 崔长青.英语写作技巧[M].北京:中国书籍出版社,2010.

[6] 崔刚,孔宪遂.英语教学十六讲[M].北京:清华大学出版社,2009.

[7] 崔刚,罗立胜.英语教学理论与实践[M].北京:对外经济贸易大学出版社,2006.

[8] 樊永仙.英语教学理论探讨与实践应用[M].北京:冶金工业出版社,2009.

[9] 何广铿.英语教学法教程:理论与实践[M].广州:暨南大学出版社,2011.

[10] 何少庆.英语教学策略理论与实践应用[M].杭州:浙江大学出版社,2010.

[11] 胡文仲.高校基础英语教学[M].北京:外语教学与研究出版社,2006.

[12] 贾冠杰.英语教学基础理论[M].上海:上海外语教育出版社,2010.

[13] 姜涛.大学英语写作教学理论与实践[M].长春:吉林出版集

团有限责任公司,2009.

[14] 剧锦霞,倪娜,于晓红.大学英语教学法新论[M].北京：中国书籍出版社,2013.

[15] 康莉.跨文化视角下的大学英语教学：困境与突破[M].北京：中国社会科学出版社,2014.

[16] 柯清超.超越与变革：翻转课堂与项目学习[M].北京：高等教育出版社,2016.

[17] 孔繁霞.行动研究与教师专业发展：大学英语教师方向[M].南京：东南大学出版社,2013.

[18] 黎茂昌,潘景丽.新课程小学英语教学理论与实践[M].成都：四川大学出版社,2011.

[19] 李莉文.英语写作教学与思辨能力培养研究[M].北京：外语教学与研究出版社,2011.

[20] 李鑫.英语教学的理论与实践[M].北京：知识产权出版社,2012.

[21] 李雁冰.课程评价论[M].上海：上海教育出版社,2002.

[22] 林新事.英语课程与教学研究[M].杭州：浙江大学出版社,2008.

[23] 刘润清,韩宝成.语言测试和它的方法：第2版[M].北京：外语教学与研究出版社,1991.

[24] 鲁子问,王笃勤.新编英语教学论[M].武汉：华中师范大学出版社,2006.

[25] 罗少茜.英语课堂教学形成性评估研究[M].北京：外语教学与研究出版社,2003.

[26] 梦红.ESP框架下应用型本科院校高校英语教学模式研究[M].长春：吉林大学出版社,2015.

[27] 庞维国.自主学习：学与教的原理和策略[M].上海：华东师范大学出版社,2003.

[28] 任美琴.中学英语有效教学的一种实践模型[M].宁波：宁波出版社,2012.

[29] 任庆梅.英语听力教学[M].北京：外语教学与研究出版社,2011.

[30] 邵培仁.传播学导论[M].杭州：浙江大学出版社,1997.

[31] 孙慧敏,李晓文.翻转课堂,我们在路上[M].杭州:浙江大学出版社,2018.

[32] 王笃勤.小学英语教学策略[M].北京:北京师范大学出版社,2010.

[33] 王琦.信息技术环境下的外语教学研究[M].北京:中国社会科学出版社,2006.

[34] 王素荣.教育信息化:理论与方法[M].北京:社会科学文献出版社,2006.

[35] 王亚盛,丛迎九.微课程设计制作与翻转课堂教学应用[M].北京:机械工业出版社,2015.

[36] 王哲.互联网环境时代背景下的初中英语教育形态[M].哈尔滨:黑龙江教育出版社,2013.

[37] 武尊民.英语测试的理论与实践[M].北京:外语教学与研究出版社,2002.

[38] 严明.大学英语自主学习能力培养模式研究:体验的视角[M].哈尔滨:黑龙江大学出版社,2009.

[39] 叶澜,白益民,王枬等.教师角色与教师发展新探[M].北京:教育科学出版社,2001.

[40] 于永昌,刘宇,王冠乔.大数据时代的教育[M].北京:北京师范大学出版社,2015.

[41] 战德臣等.MOOC+SPOCs+翻转课堂:大学教育教学改革新模式[M].北京:高等教育出版社,2018.

[42] 张豪锋.教育信息化与教师专业发展[M].北京:科学出版社,2008.

[43] 郑茗元,汪莹.网络环境与大学英语课程的整合化教学模式概论[M].北京:中国水利水电出版社,2015.

[44] 钟玉芹.大学英语混合式教学探究[M].北京:电子工业出版社,2017.

[45] 周文娟.大数据时代外语教育理念与方法的探索与发现[M].上海:上海交通大学出版社,2014.

[46] 朱宁波.中小学教师专业发展的理论与实践[M].长春:吉林人民出版社,2002.

[47] 朱鑫茂.简明当代英语语音[M].北京:外语教学与研究出版

社,2003.

[48] 崔冬梅.翻转课堂视域下的大学英语教学状况研究[D].大连:辽宁师范大学,2015.

[49] 郭琬.微课的应用及其开发研究：以初中语文为例[D].西安:陕西师范大学,2015.

[50] 黄兰.微课在初中课堂教学中应用的现状分析与对策研究[D].金华:浙江师范大学,2015.

[51] 闵婕.思维导图在高中英语阅读教学中的应用研究[D].聊城:聊城大学,2017.

[52] 潘清华.微课在中职英语教学中的应用[D].济南:山东师范大学,2016.

[53] 齐婉萍."微课"在高中语文教学中的运用[D].哈尔滨:哈尔滨师范大学,2015.

[54] 王曼琪."慕课"教学模式评析及实施建议[D].呼和浩特:内蒙古师范大学,2015.

[55] 赵富春.大学英语口语探究式教学研究[D].南京:南京航空航天大学,2010.

[56] 陈新汉.自我评价活动论纲[J].北京师范大学学报(社会科学版),2007(1).

[57] 邓道宣,江世勇.略论中学英语语法教学的原则与方法[J].外国语文论丛,2018(12).

[58] 高频.多媒体和网络环境下大学英语词汇教学改革初探[J].凯里学院学报,2008(2).

[59] 郭淑英,赵琼.大学英语自主学习学生自我评估调查研究[J].黄石理工学院学报,2008(1).

[60] 韩宗礼.试论教育资源的效率[J].河北大学学报,1982(4).

[61] 胡铁生,黄明燕,李民.我国微课发展的三个阶段及其启示[J].远程教育杂志,2013(4).

[62] 胡铁生.微课：区域教育信息资源发展的新趋势[J].电化教育研究,2011(10).

[63] 霍玉秀.基于"项目式学习"模式与学生综合能力的培养[J].语文学刊·外语教育教学,2013(11).

[64] 焦建利.微课及其应用与影响[J].中小学信息技术,2014(4).

[65] 黎加厚. 微课的含义与发展 [J]. 中小学信息技术,2013（4）.

[66] 李松林,李文林. 教学活动理论的系统考察与方法论反思 [J]. 外国中小学教育,2008（1）.

[67] 梁为. 基于虚拟环境的体验式网络学习空间设计与实现 [J]. 中国电化教育,2014（3）.

[68] 刘红霞,赵蔚等. 基于"微课"本体特征的教学行为设计与实践反思 [J]. 现代教育技术,2014（2）.

[69] 刘卉. 大学英语文化教学中阅读圈教学模式的构建与探索 [J]. 教育现代化,2018（45）.

[70] 刘建达. 学生英文写作能力的自我评估 [J]. 现代外语,2002(3).

[71] 刘俊玲,曾薇. 慕课在高校英语教学中的应用研究 [J]. 课程研究,2016（5）.

[72] 刘梦雪. 通过自我评估训练促进自主式英语学习的实证研究 [J]. 疯狂英语(教师版),2009（4）.

[73] 刘艳晖. 多媒体网络环境下的英语词汇教学 [J]. 湖南第一师范学报,2009（2）.

[74] 马慧丽. 高校英语语法教学回归的必要性及可行模式研究 [J]. 英语教师,2019（24）.

[75] 孟庆松,韩文秀. 高等教育资源配置简论 [J]. 辽宁教育学院学报,1995（1）.

[76] 欧阳日辉. 从"+互联网"到"互联网+"：技术革命如何孕育新型经济社会形态 [J]. 人民论坛·学术前沿,2015（10）.

[77] 彭睿. 大学英语听力水平影响因素及对策 [J]. 安阳工学院学报,2019（1）.

[78] 邵敏. 大学英语听力教学实践与研究 [J]. 课程教育研究,2018（48）.

[79] 沈彩芬,程东元. 网络多媒体环境下的外语教学特征及其原则 [J]. 外语电化教学,2008（3）.

[80] 宋艳玲,孟昭鹏,闫雅娟. 从认知负荷视角探究翻转课堂：兼及翻转课堂的典型模式分析 [J]. 远程教育杂志,2014（1）.

[81] 苏小兵,管珏琪,钱冬明,等. 微课概念辨析及其教学应用研究 [J]. 中国电化教育,2014（330）.

[82] 隋志娟. 高职英语混合式教学模式研究 [J]. 中国教育学刊,

2014（12）.

[83]滕星.教学评价若干理论问题探究[J].民族教育研究,1991(2).

[84]汪晓东,张晨婧仔."翻转课堂"在大学教学中的应用研究:以教育技术学专业英语课程为例[J].现代教育技术,2013（8）.

[85]王广新.微课设计与制作的理论与实践[J].远程教育杂志,2014（6）.

[86]王珏.基于慕课环境的大学英语翻译教学[J].湖北函授大学学报,2016（18）.

[87]王曼文,丁益民.浅议远程教育教学资源的建设与应用[J].河南广播电视大学学报,2004（3）.

[88]王嵘.贫困地区教育资源开发利用[J].教育研究,2000（9）.

[89]魏亚琴.新课程下学生评价方式的变革:浅谈表现性评价[J].辽宁教育行政学院学报,2004（110）.

[90]夏兴宜.运用图式理论提高商务英语翻译的水平[J].科教文汇(中旬刊),2011（1）.

[91]肖亮荣,俞真.论计算机网络技术给大学英语教学带来的机遇和挑战[J].外语研究,2002（5）.

[92]谢大滔.体验式教学在大学生英语自主学习中的应用[J].教育探索,2012（9）.

[93]杨惠元.课堂教学评估的作用、原则和方法[J].汉语学习,2004（5）.

[94]尹苗苗."互联网+教育"在我国的发展历程探析[J].文教资料,2016（16）.

[95]曾春花.网络多媒体辅助下的英语语法教学探究[J].福建广播电视大学学报,2015（4）.

[96]张楠楠.基于慕课时代的大学英语课堂教学模式探索与研究[J].科技创新导报,2014（36）.

[97]张平.客观认识当前互联网形势[J].群言,2014（2）.

[98]张一春.Web2.0时代信息化教学资源建设的路径与发展理念[J].现代远程教育研究,2012（1）.

[99]张忠魁.电影配音在口语教学中的尝试[J].上海工程技术大学教育研究,2012（2）.

[100]赵婧宏.慕课对大学英语写作课堂教学的影响[J].科技资讯,

2016（2）.

[101] 郑小军，张霞. 微课的六点质疑及回应 [J]. 现代远程教育研究，2014（2）.

[102] 朱艳华. 通过自我评估培养非英语专业大学生自主学习能力 [J]. 黑龙江教育学院学报，2009（8）.

[103] AlFally, I. The role of some selected psychological and personality traits of the rater in the accuracy of self-and peer assessment [J]. System, 2004（3）.

[104] B. Tuckman. Evaluating Instructional Programs[M]. Boston：Allyn & Bason Inc., 1979.

[105] Bloom, B. S. Learning for mastery[J]. Evaluation Comment, 1968（1）.

[106] Cook, S. & Burns, A. Integrating Grammar in Adult TESOL Classroom[J]. Applied Linguistics, 2008（3）.

[107] Dale Edgar. Audio-Visual Methods in Teaching[M]. New York：The Dryden Press, 1954.

[108] Harmer, J. The Practice of English Language Teaching[M]. London：Longman, 1990.

[109] K. Montgomery. Authentic Assessment：A Guide for Elementary Teachers[M]. Beijing：China Light Industry Press, 2004.

[110] Larsen-Freeman, D. Teaching Language：From Grammar to Grammaring[M]. Beijing：Foreign Language Teaching and Research Press, 2005.

[111] Lewis, M. Second Language Vocabulary Acquisition[M]. Cambridge：Cambridge University Press, 1997.

[112] Mebrabian, A. Silent Message[M]. Belmont, CA：Wadsworth, 1981.

[113] Richards, J C. & R. Schmidt. Longman Dictionary of Language Teaching and Applied Linguistics[M]. London, UK：Longman, 2002.

[114] Rubin, J. An Overview to "A Guide for the Teaching of Second Language Listening" [A]. A Guide for the Teaching of Second Language Listening[C]. San Diego, CA：Dominie Press, 1995.

[115]Samovar, L A. & Porter, R E. Intercultural communication: A Reader[M]. Belmont, CA: Wadsworth, 1997.

[116]Slavin, R E. Cooperative learning[J]. Review of Educational Research, 1980（50）.

[117]Ur, P. Grammmar Practice Activities: A Practical Guide for Teachers[M]. Beijing: Foreign Language Teaching and Research Press, 2009.